Pusteblume

Das Sprachbuch 4

Neubearbeitung

Herausgegeben von
Wolfgang Menzel

Erarbeitet von
Christel Jahn
Wolfgang Kunsch
Wolfgang Menzel
Udo Schoeler
Brigitte Schulz
Sabine Stach-Partzsch
Katja Vau

Illustriert von
Christine Bietz
Angelika Çıtak
Kerstin Meyer
Stephan Pricken
Michael Schober
Alexander Steffensmeier
Elena Temporin

Schroedel

Inhaltsverzeichnis

Im Buch stöbern

4, 5   Im Buch stöbern
5   Wichtige Zeichen im Buch

A ... wie Anfang

6   So schreibe ich schön
7   Handschriften vergleichen
8   Schreibgeräte
9   Schriften

Ich und die anderen

10   Ich und die anderen
11   So verstehen wir uns besser
12   Streiten und sich einigen
13   Einmischen oder Hilfe holen?
14   Sprachen in unserer Klasse
15   Modewörter
16   Kinder haben Rechte
17   Kinderrechte im Alltag
18   Übungskiste
19   Ideenkiste

Tiere im Wasser

20   Tiere im Wasser
21   Lebensraum Wasser
22   Tiere im Teich
23   Teichmolch oder Kammmolch?
24   Tiere im Ozean – Blauwale
25   Gefahren für Wale
26   Übungskiste
27   Ideenkiste

Die Welt um uns herum

28, 29   Kinder in der Schule
30, 31   Auf der Kakaoplantage
32, 33   Einkaufen
34   Übungskiste
35   Ideenkiste

Das Fahrrad und andere Erfindungen

36   Das Fahrrad und andere Erfindungen
37   Fahrradwörter
38   Fahrrad fahren früher ...
39   ... und heute
40   Natur ...
41   ... und Technik
42, 43   Werbung ausdenken und gestalten
44   Übungskiste
45   Ideenkiste

Von Rittern und Burgen

46   Von Rittern und Burgen
47   Rittersprüche
48, 49   Die Ausbildung: Page – Knappe – Ritter
50   Das Ritterturnier
51   Berufe auf der Burg
52   Übungskiste
53   Ideenkiste

Medien – lesen, hören, sehen

54   Medien – lesen, hören, sehen
55   Medien vorstellen
56, 57   Klassenzeitung
58, 59   An der Klassenzeitung arbeiten
60   Übungskiste
61   Ideenkiste

Jahreszeiten, Feste und Feiern

62   Kinder feiern ...
63   ... rund um die Welt
64   Frühling
65   Zum Verschenken
66   Sommer
67   Sommerferien
68, 69   Herbst
70, 71   Winter

Lern-Werkstatt

72 Hausaufgaben notieren
   und erledigen
73 Einen Text berichtigen
74 Wörter üben
75 Mit der Wörterliste arbeiten
76 Informationen sammeln
   und präsentieren
77 *Was kann ich nun?*

Rechtschreib-Werkstatt

78 Langer Selbstlaut –
   kurzer Selbstlaut
79 Wörter mit doppelten Mitlauten
80 Wortfamilien mit einfachen
   und doppelten Mitlauten
81 Wörter mit ss und ß
82 Wörter mit k und ck
83 Wörter mit z und tz
84 Wörter mit und ohne Dehnungs-h
85 Forscheraufgabe
86 Wörter mit silbentrennendem h
87 *Was kann ich nun?*
88 Wörter mit ä und äu
89 Forscheraufgabe
90 Wörter mit s
91 Wörter mit b, d, g
92 Wortbildung: Wortmuster
93 Wortbildung: ein oder zwei
   Mitlaute?
94 Wichtige Wortbausteine
95 Besondere Wörter 1
96 Besondere Wörter 2
97 *Was kann ich nun?*

Sprach-Werkstatt

98 Sprach-Werkstatt
99 Nomen sind männlich, weiblich
   oder sächlich
100 Nomen: Einzahl und Mehrzahl
101 Der bestimmte und
    der unbestimmte Artikel
102 Nomen werden großgeschrieben
103 Wortbausteine von Nomen
104, 105 Die Nomen und die vier Fälle
106 Adjektive
107 Die Pronomen
108 Verben sind ganz besondere Wörter
109 Wortfelder aus Verben
110, 111 Die Zeitformen
112 Satzglieder
113 Umstellproben – einen Text
    verbessern
114 Subjekt und Prädikat
115 Die Objekte
116 Subjekt – Prädikat – Objekt
117 Kommas und Punkte
118 Zeichen der wörtlichen Rede
119 *Was kann ich nun?*

Schreib-Werkstatt

120 Schreib-Werkstatt
121 Eine Fabel lesen und untersuchen
122 Wie Fabeln gebaut sind
123 Eine Fabel schreiben
124 Schreibkonferenz: Texte besprechen
125 Eine Geschichte zu einer Fabel
    umschreiben
126 Eine Fabel planen, entwerfen
    überarbeiten und präsentieren
127 Geschichten nach Vorgaben
    schreiben
128 Gemeinsam Geschichten schreiben
129 Ein Rondell schreiben
130 Eine Bildergeschichte schreiben
    und überarbeiten
131 Einen Unfallbericht schreiben
132, 133 Texte zusammenfassen
134 Briefe schreiben
135 Texte veröffentlichen

136-151 **Wörterliste**

152, 153 **Lösungen:** *Was kann ich nun?*

154-157 **Wichtige Fachwörter**

158, 159 **Die Kompetenzbereiche**

160 **Quellen und Impressum**

Im Buch stöbern

① Welches Kapitel beginnt auf Seite 46?

② Auf welcher Seite beginnt das Kapitel **Tiere im Wasser?**

③ Wie heißt die Überschrift von Seite 14? Zu welchem Kapitel gehört die Seite?

④ Suche diese Bilder.

Zu welchen Kapiteln gehören sie?

⑤ Auf welcher Seite ist dein Lieblingsbild?

⑥ Wie heißt der Junge auf Seite 30?

1 Lies dir die Karten ① bis ⑫ durch, die an der Pinnwand auf diesen beiden Seiten hängen.

2 Suche dir 6 Karten von der Pinnwand aus. Schreibe die Fragen ab und beantworte sie.

3 Denke dir selbst eine Frage für ein anderes Kind aus.

● Begriffe klären
● Sich im Buch orientieren

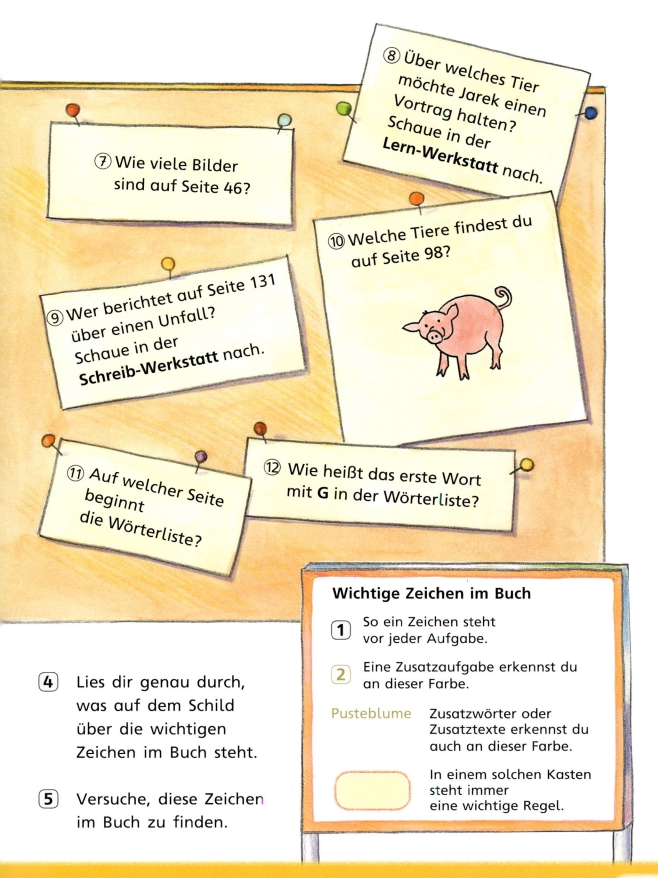

⑧ Über welches Tier möchte Jarek einen Vortrag halten? Schaue in der **Lern-Werkstatt** nach.

⑦ Wie viele Bilder sind auf Seite 46?

⑩ Welche Tiere findest du auf Seite 98?

⑨ Wer berichtet auf Seite 131 über einen Unfall? Schaue in der **Schreib-Werkstatt** nach.

⑪ Auf welcher Seite beginnt die Wörterliste?

⑫ Wie heißt das erste Wort mit **G** in der Wörterliste?

④ Lies dir genau durch, was auf dem Schild über die wichtigen Zeichen im Buch steht.

⑤ Versuche, diese Zeichen im Buch zu finden.

Wichtige Zeichen im Buch

1 So ein Zeichen steht vor jeder Aufgabe.

2 Eine Zusatzaufgabe erkennst du an dieser Farbe.

Pusteblume Zusatzwörter oder Zusatztexte erkennst du auch an dieser Farbe.

In einem solchen Kasten steht immer eine wichtige Regel.

A … wie Anfang

So schreibe ich schön

Besonders schön und sauber musst du Briefe, Einladungen,
Gedichte oder Texte im Freundschaftsbuch schreiben.

Ein frohes Herz
als Wegbegleiter
bringt dich im Leben
immer weiter.
Deine Freundin Tonja

Wer in dieses
Büchlein
schreibt,
den bitte ich
um Sauberkeit.

> **Tipps: schön schreiben**
> - vorschreiben
> - durchlesen und berichtigen
> - Linien ziehen
> - sauber und fehlerfrei
>   abschreiben

1 Sprecht über das Aussehen der Texte.

2 Was fällt euch an diesen Texten auf?

du Du bist mein St-	OHne Blumen,	Marmor, Stein Hund
ern,	ohne Träume,	EiSEN
du bist mein Stern	ohne purzelbäume	bricht,

3 Schreibst du einen Vers lieber in Druckschrift
oder in Schreibschrift ab? Schreibe deine Begründung ins Heft.

4 Schreibe einen Vers in deiner schönsten Schrift ab.
Beachte dabei die Tipps auf dieser Seite.

5 Unterschreibe den Vers mit deinem Namen.

Handschriften vergleichen

Jeder Mensch hat eine eigene Handschrift,
die man von anderen unterscheiden kann.

> Ich bin jetzt in der vierten Klasse.

1 Schreibe diesen Satz in deiner Schrift auf einen Zettel.

> ① Ich bin jetzt in der vierten Klasse.

> ② Ich bin jetzt in der vierten Klasse.

2 Hängt eure Zettel auf und vergleicht die Einzelheiten:
- Wie leserlich ist die Schrift?
- Ist sie nach links oder rechts geneigt?
- Ist die Schrift groß oder klein?
- Welche Buchstaben sind besonders auffällig?
- Welche kann man besonders gut erkennen?

3 Wer hat welchen Zettel geschrieben?
Ordne die Zettel den Kindern deiner Klasse zu.

> Meine Schrift ist oft unleserlich, das muss ich ändern.

4 Was kannst du an deiner Handschrift ändern,
damit sie leserlicher wird?

> Ich muss zwischen den Wörtern mehr Abstand lassen.

Unterschriften sind besonders persönlich

Fabian Meißner   Hugo Walter   Fritz Dingler   [Unterschrift]

5 Welche Unterschrift gefällt dir am besten? Warum?

6 Wie ist deine Unterschrift?
Probiere mehrere Möglichkeiten aus:
- besonders schnell
- schön verziert
- besonders groß oder klein

Schreibgeräte

1. Schreibe in dein Heft, wie diese Schreibgeräte heißen.
   Wenn du noch andere Schreibgeräte kennst, schreibe sie auch auf.
   a – Bleistift, b – ...,

2. Wähle für folgende Aufgaben das passende Schreibgerät aus:
   - Einen Text abschreiben
   - Ein Plakat beschriften
   - Ein Dreieck zeichnen
   - Ein T-Shirt beschriften
   - Einen Brief schreiben
   - Deine Anfangsbuchstaben kunstvoll gestalten
   - Wichtige Wörter im Text markieren
   - Ins Freundschaftsbuch schreiben
   - Alte Schriften schreiben
   - Fehler im Text unterstreichen
   - Ein Mandala ausmalen

   Buntstift Filzstift Laptop Füller Kugelschreiber Marker Feder Bleistift

   Schreibe so in dein Heft: *Einen Text schreibe ich mit dem Füller ab.*

3. Womit schreibst du am liebsten? Warum?

4. Mit welchem Schreibgerät
   wurde dieser japanische Name
   wohl geschrieben?

   山 田 太 郎

5. Tintenkiller – ja oder nein?
   Sammelt zu zweit Argumente für
   und gegen das Benutzen eines Tintenkillers.

Schriften

Auf dem Computer gibt es viele verschiedene Schriften:

① *Schokolade* ② Schokolade ③ *Schokolade* ④ Schokolade

⑤ **Schokolade** ⑥ **SCHOKOLADE** ⑦ Schokolade ⑧ SCHOKOLADE

1 Vergleicht die Schriften miteinander.
Achtet besonders auf die Form der Buchstaben.

2 Welche Schrift gefällt dir am besten? Warum?

3 Schreibe deine Adresse mit verschiedenen Computerschriften
und stelle sie aus.

Letter Gothic:	Minion:	Bauhaus:
Paula Schulz	Paula Schulz	Paula Schulz
Igelweg 98	Igelweg 98	Igelweg 98
52450 Köln	52450 Köln	52450 Köln

4 Entwirf für dich eine Visitenkarte mit Namen, Adresse und Logo.
Überlege zuerst, was an dir besonders ist.
Denke dir dann ein passendes Logo für dich aus.
Probiere verschiedene Schriften für deine Visitenkarte aus.
Stellt eure Karten in der Klasse aus.

5 Entwirf für diese Firmen ein besseres Logo.

Ich und die anderen

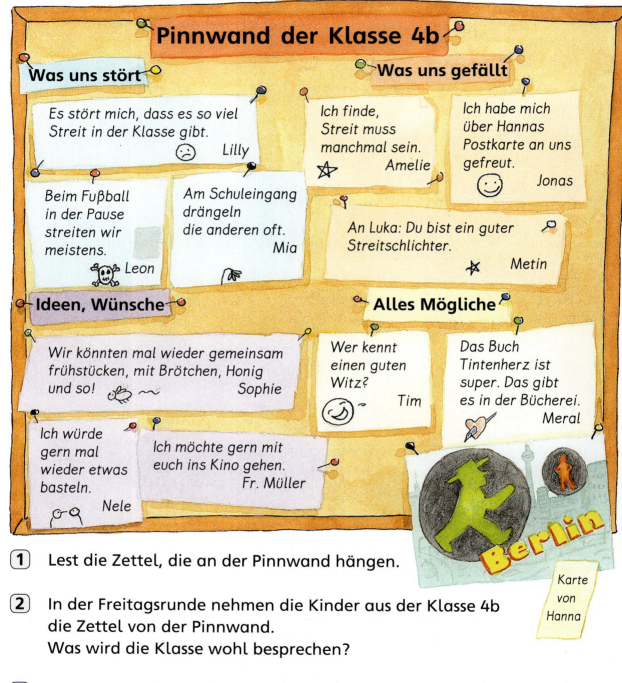

Pinnwand der Klasse 4b

Was uns stört

Es stört mich, dass es so viel Streit in der Klasse gibt.
Lilly

Beim Fußball in der Pause streiten wir meistens.
Leon

Am Schuleingang drängeln die anderen oft.
Mia

Was uns gefällt

Ich finde, Streit muss manchmal sein.
Amelie

Ich habe mich über Hannas Postkarte an uns gefreut.
Jonas

An Luka: Du bist ein guter Streitschlichter.
Metin

Ideen, Wünsche

Wir könnten mal wieder gemeinsam frühstücken, mit Brötchen, Honig und so!
Sophie

Ich würde gern mal wieder etwas basteln.
Nele

Ich möchte gern mit euch ins Kino gehen.
Fr. Müller

Alles Mögliche

Wer kennt einen guten Witz?
Tim

Das Buch Tintenherz ist super. Das gibt es in der Bücherei.
Meral

Karte von Hanna

① Lest die Zettel, die an der Pinnwand hängen.

② In der Freitagsrunde nehmen die Kinder aus der Klasse 4b die Zettel von der Pinnwand.
Was wird die Klasse wohl besprechen?

③ Wie würde eure Pinnwand aussehen?
Sind euch noch andere Überschriften wichtig?
Legt für eure Klasse auch eine solche Pinnwand an.

● Sich eine Meinung bilden und sie äußern

▶ Medien – lesen, hören, sehen: Seite 57

So verstehen wir uns besser

Was mich stört
Wenn ihr voneinander wisst, was euch stört,
könnt ihr bei einem Streit darauf Rücksicht nehmen
oder einen Streit sogar verhindern.

Mich stört sehr,
dass ...   Mia

Es nervt mich, wenn ...
                    Leonie

Ich werde richtig wütend,
wenn mich jemand
auslacht.   Laura

1 Schreibe auf, was dich aufregt. Vergiss deinen Namen nicht.

2 Hängt eure Texte auf, lest sie und sprecht darüber.

> Nach **Verben** wie *finden, mögen, sich freuen, gefallen*
> stehen oft die **Bindewörter** *dass* und *wenn*.
> Dann steht vor den Bindewörtern ein **Komma**:
> *Ich freue mich, dass ...*   *Es gefällt mir, wenn ...*

Was mir gefällt
Wenn ich weiß, dass die anderen mich auch nach einem Streit
noch mögen, kann ich selbstsicherer und fairer streiten.

3 Jedes Kind schreibt den eigenen Namen auf zwei Zettel.
Nun werden die Zettel gemischt.
Jedes Kind zieht zwei Zettel mit verschiedenen Namen.
Schreibe etwas Freundliches an die Kinder,
deren Namen du gezogen hast.

An Lena:
Ich habe mich
gefreut, als ...

4 Setzt euch in den Gesprächskreis und teilt die Zettel aus.
Wer möchte, kann jetzt einen Text vorlesen.

An Emir:
Ich mag an dir,
dass ...

5 Schreibe einen kleinen Text mit der Überschrift:
Ein schönes Erlebnis mit ...
Du kannst den Text dem Kind schenken,
mit dem du das schöne Erlebnis hattest.

An Saniye:
Ich mag es sehr,
wenn du ...

● Wortarten kennenlernen:
Bindewort
● Nach Satzmustern schreiben

● Für andere schreiben
● Konfliktlösungen
anbahnen

▶ Arbeitsheft: Seite 45
▶ Förderheft: Seite 8
▶ Forderkartei: Nr. 13, 14

11

Streiten und sich einigen

1. Sucht euch zu zweit oder zu dritt
eine der beiden Situationen
oder eine andere Streitsituation aus.
Überlegt euch genau,
wie sich die Kinder weiter verhalten.
Schreibt eure Überlegungen als Stichwörter auf.

   - Mia hat verraten, dass Hanna in Tim verliebt ist.
     Die ganze Klasse weiß es jetzt.

   - Leon hat Jonas beim Spielen ein Bein gestellt.
     Sofort tritt Jonas nach Leon.

2. Verteilt die Rollen in eurer Gruppe und
spielt den Streitverlauf in der Klasse vor.

3. Besprecht gemeinsam in der Klasse:
   - Welches Verhalten hat zur Einigung geführt?
   - Welches Verhalten hat den Streit verschärft?

4. Überlegt euch Regeln dafür,
wie ein Streitgespräch gelingen kann.
Schreibt zuerst zu zweit Vorschläge auf.

5. Sprecht dann über die Vorschläge.
Welche Regeln sind in eurer Klasse wichtig?
Schreibt eure Streitregeln auf ein Plakat.

6. Nun spielt noch einmal einen Streit vor.
Ein Streitschlichterkind hilft den Streitenden
bei der Suche nach einer Lösung.
Die anderen beobachten genau.
Jeder achtet nur auf eine Streitregel.

So streiten wir

Wir sprechen über unsere Gefühle.

Wir stellen Warum-Fragen.

Wir bitten ein Kind, das an dem Streit nicht beteiligt war, …

Wir hören zu, …

- Gemeinsam Regeln festlegen und sich daran halten
- Vorgänge szenisch umsetzen
- Konfliktlösungen anbahnen

► Förderheft: Seite 9

Einmischen oder Hilfe holen?

Komm Hanna, wir leihen uns mal die Räder aus!

Aber die gehören uns doch gar nicht!

Wenn du nicht mitmachst, kannst du was erleben!

Los, jetzt machen wir ihn fertig!

Ich würde ihm ja gern helfen, …

Lasst mich doch in Ruhe!

Tina

1 Wie könnten sich Hanna und Tina verhalten?
Schreibt Stichwörter auf und sprecht darüber.

Wenn sich zwei Kinder um Sammelbilder streiten, sollen sie sich selbst einigen.

2 Wann würdest du dich einmischen,
wann würdest du das nicht tun?
Wann würdest du Hilfe holen?

3 Wen könnt ihr in einer schwierigen Situation um Hilfe bitten?
Sammelt verschiedene Möglichkeiten
und findet Adressen und Telefonnummern von Profis heraus.
Hängt eure Ergebnisse in der Klasse oder an der Infowand auf.

> *Hier bekommen wir Hilfe!*
> *In der Schule:* Lehrerinnen, Lehrer, Schulleiter, …
> *In der Freizeit:* Eltern, Oma, Verkäufer in Geschäften, …
> *Bei Profis:* Kinder- und Jugendtelefon, Kinderschutzbund
> (*www.dksb.de*), Polizei-Notruf: 110

4 Hast du schon einmal eine schwierige Streitsituation
oder einen Notfall erlebt?
Erzähle einem anderen Kind davon oder schreibe darüber.

Sprachen in unserer Klasse

Ich heiße Anastasija und gehe in die Klasse 4a.
In unserer Familie werden viele Sprachen gesprochen.
Meine Mama spricht mit ihren Eltern,
meinem Bruder Aleksej und mir kroatisch.
Papa spricht mit seinen Eltern und uns Kindern türkisch.
Meistens antworten wir ihnen auf Deutsch,
aber wir verstehen alles, was sie zu uns sagen.
Mama und Papa unterhalten sich in der deutschen Sprache,
denn sie haben sich in Deutschland schon in der Schule
kennengelernt. Aleksej und ich sprechen auch deutsch
miteinander. Wenn wir aber Oma und Opa in der Türkei
besuchen, sprechen alle türkisch, weil Oma und Opa nur
wenig Deutsch können.

1 Was erfahrt ihr über Anastasijas Familie?

2 Wer spricht in Anastasijas Familie welche Sprache?
Schreibe so:
Anastasija spricht deutsch, …   *Aleksej …*   *Mama …*

3 Forsche in deiner Klasse, deiner Schule, deiner Nachbarschaft
nach. Wer spricht welche Sprache in der Familie? Schreibe über
eine Person eine kleine Sprachengeschichte wie über Anastasija.
… geht in die … Klasse. In ihrer/seiner Familie …
Du kannst auch über dich selbst schreiben.

4 Suche möglichst viele Übersetzungen für die Wörter in den Kästen.
Finde möglichst auch die Schreibweise heraus und schreibe so:
Guten Tag! – Bonjour! (französisch), – Buon giorno! (italienisch), …
Auf Wiedersehen! – …

| Guten Tag! | Auf Wiedersehen! | Danke! | Bitte! |

5 Vergleicht zu zweit die Übersetzungen.
Findet Gemeinsamkeiten und Unterschiede.

14   ● Sich mit unterschiedlichen   ▶ Jahreszeiten, Feste   ▶ Arbeitsheft: Seite 11
        Sprachen beschäftigen   und Feiern: Seite 67, 70
     ● Mit dem Lexikon arbeiten

Modewörter

In Mathe hab ich heute nix gepeilt. Das war krass daneben. Jetzt muss ich erst mal 'ne Runde chillen.

Ich simse mal dem Luka, ob wir später cruisen wollen. Das wäre echt cool.

1 Sprecht darüber, was hier passiert.

2 Schreibe das Gespräch zwischen Leo und Max so auf, dass Leos Oma es verstehen würde.
Leo: Heute habe ich im Mathematikunterricht ...
Max: Ich ...

3 Sammelt Wörter in eurer Sprache, die die Erwachsenen wahrscheinlich nicht verstehen.
Überlegt euch Übersetzungen dafür.

4 Befragt Erwachsene nach den Modewörtern aus ihrer Jugend.
Schreibt sie auf und legt eine Klassensammlung an.

5 Legt eine Tabelle mit Modewörtern von früher und von heute an.

früher	heute	Übersetzung
Drahtesel	Alugurke	Fahrrad
...	...	...

6 Schreibe einen kleinen Text, in dem viele Modewörter vorkommen.

● Mit Sprache kreativ umgehen
● Wortsammlungen anlegen
▶ Das Fahrrad und andere Erfindungen: Seite 45
▶ Rechtschreib-Werkstatt: Seite 95
▶ Arbeitsheft: Seite 30

Kinder haben Rechte

Am 20. November 1989 einigten sich fast alle Staaten der
Erde auf eine Vereinbarung über die Rechte von Kindern.
Diese heißt: **Kinderrechtskonvention der Vereinten Nationen.**

Hier sind einige Kinderrechte in Kurzfassung:

1. Alle Kinder auf der ganzen Welt haben die gleichen Rechte.
   Kein Kind darf benachteiligt werden.
2. Kinder haben das Recht auf Leben und Gesundheit.
   Dazu gehört auch,
   bei Bedarf medizinisch behandelt zu werden.
3. Kinder haben das Recht auf Schutz vor Gewalt,
   Missbrauch und Ausbeutung.
4. Kinder haben das Recht,
   zur Schule zu gehen und alles zu lernen,
   was ihren Bedürfnissen und Fähigkeiten entspricht.
5. Kinder haben das Recht, sich zu informieren,
   sich eine eigene Meinung zu bilden
   und mitzubestimmen, wenn es sie betrifft.
6. Kinder haben das Recht, bei ihren Eltern zu leben
   oder sie regelmäßig zu treffen.
7. Kinder haben das Recht auf Freizeit,
   Spiel und Erholung.
8. Kinder müssen im Krieg
   und auf der Flucht besonders
   geschützt werden.
9. Kinder mit Behinderungen haben
   das Recht auf besondere Unterstützung,
   damit sie aktiv am Leben teilnehmen können.

(1) Klärt die Bedeutung von allen Wörtern, die ihr nicht kennt.

(2) Was bedeuten diese Kinderrechte? Sprecht darüber.
    Die Bilder können euch helfen.

(3) Welche drei Kinderrechte sind die wichtigsten für dich? Warum?

● Schwierige Wörter kennenlernen
● Sich eine Meinung bilden
  und sie begründen

▶ Ideenkiste: Seite 19
▶ Forderkartei: Nr. 15

Kinderrechte im Alltag

1 Überlegt gemeinsam: Welche Kinderrechte sind hier betroffen?

2 Überlegt euch zu jedem Bild: Wie wäre die Situation,
wenn die Kinderrechte beachtet würden?

3 Schreibe ein eigenes Erlebnis mit einem Kinderrecht auf.
Lest euch eure Texte vor und sprecht darüber.

> **Recht auf Mitbestimmung**
> Besonders interessant ist für viele Kinder
> das Recht auf Mitbestimmung.

4 Schreibe die Antworten auf folgende Fragen auf:
- Wobei darf ich in der Schule mitbestimmen?
- Wobei darf ich in der Schule nicht mitbestimmen?
- Wobei möchte ich gern mitreden und mitbestimmen?

5 Sprecht über eure Antworten.
Was wollt ihr verändern?

Übungskiste

sich freuen gefallen gemeinsam lieben zusammen
sich wundern sich aufregen hassen sich einigen mögen
allein miteinander verschieden trennen voneinander
fair gegenseitig unterschiedlich stören sich ärgern

1 Sortiere die Wörter. Schreibe so auf:
Verben: sich freuen, …   *andere Wörter: gemeinsam, …*

2 Schreibe mit den Verben **dass**-Sätze oder **wenn**-Sätze auf:
Ich freue mich, dass ich Klassensprecherin geworden bin.
Es gefällt mir, wenn …

> ### Abschreibtext
>
> **Nach dem Streit**
> Luisa ist beim Schlittschuhlaufen gestolpert
> und Hanna, ihre beste Freundin, musste lachen.
> Da bekam Luisa eine riesengroße Wut.
> Sie schimpfte laut wie ein Rohrspatz und
> ihre rehbraunen Augen blitzten.
> Aber Hanna lachte nur noch mehr.
> Da hat Luisa ihre Sporttasche gepackt
> und ist mit der Straßenbahn nach Hause gefahren.
> Jetzt liegt sie traurig auf ihrem Bett.
> Plötzlich klingelt das Telefon.

3 Schreibe den Text in deutlicher Schrift ab.
Unterstreiche die zusammengesetzten Nomen und Adjektive.

4 Schreibe die beiden Wortteile der zusammengesetzten Wörter
so auf: *Schlittschuhlaufen – der Schlittschuh, laufen, …*

5 Wie könnte die Geschichte weitergehen? Schreibe in dein Heft.

● Nach Satzmustern schreiben
● Methodisch sinnvoll und
  korrekt abschreiben

▶ Lern-Werkstatt: Seite 74, 75
▶ Schreib-Werkstatt: Seite 129
▶ Wörterliste: Seite 136 – 151

▶ Arbeitsheft: Seite 11, 13, 27
▶ Förderheft: Seite 11
▶ Forderkartei: Nr. 19, 20

Kinderrechte-Rallye

1. Führt eine Kinderrechte-Rallye durch:
   - Sucht in eurer Schule nach Beispielen dafür, dass Kinderrechte umgesetzt oder nicht umgesetzt werden.
   - Schreibt Beispiele auf, macht Fotos und sprecht darüber.
   - Klebt die Fotos auf zwei Plakate und schreibt Texte dazu.

2. Macht eine Kinderrechte-Rallye in eurer Stadt oder im Stadtteil.

3. Finde in Büchern, Kinderzeitschriften oder im Internet noch mehr über die Kinderrechte heraus.
   Wenn du etwas Interessantes entdeckst, schreibe es auf und berichte den anderen Kindern darüber.
   - Deutsches Kinderhilfswerk: www.kindersache.de
   - Unicef: www.unicef.de
   - Bundesministerium für Familien, Senioren, Frauen und Jugend: www.bmfsfj.de

Tiere im Wasser

Wasser ist Lebensraum

Der Planet Erde ist zum größten Teil von Wasser bedeckt.
Wasser bildet den Lebensraum für unterschiedliche
Lebewesen. Manche Wassertiere können nur im Salzwasser
leben, andere nur im Süßwasser. Die einen bevorzugen
frisches, fließendes Wasser, die anderen kleine, brackige
Tümpel. In unseren Seen und Teichen leben Fische, Molche,
Wasserschnecken, Wasserkäfer und Wasserspinnen.
In den Ozeanen gibt es riesige Meeressäugetiere wie zum
Beispiel den Wal, aber auch mikroskopisch kleine Wesen
wie das Plankton. Der Artenreichtum ist riesengroß.
Es gibt Fische von unterschiedlicher Größe, Form
und Farbe, Meeresschildkröten, Quallen, Seegurken,
Krebse und vieles mehr. Alle Tiere des Wassers haben sich
ihrer Wasserwelt angepasst.

1 Sprecht über den Text. Was erfahrt ihr
über den Lebensraum Wasser und seine Bewohner?

2 Sucht im Lexikon oder im Internet Erklärungen zu Begriffen,
die ihr nicht versteht, und schreibt sie auf.
Vergleicht dann eure Ergebnisse miteinander.

3 Stellt einen Informations- und Ausstellungstisch
zum Thema *Tiere im Wasser* zusammen.

● In Texten Informationen finden
● Unterschiedliche Medien nutzen

Lebensraum Wasser

Die Kinder der Klasse 4a wollen sich über Tiere
im Lebensraum Wasser informieren
und einen Vortrag vorbereiten.

Hier leben Karpfen und Barben.
Das sind Friedfische. Die ernähren sich
von Insektenlarven und Schnecken.

Darlin

Im April und im Mai kommt die Karettschildkröte
an den Strand, um ihre Eier abzulegen. Sie gräbt ein Loch in
den Sand, legt ihre Eier dort hinein und verschließt
es dann. Nach ungefähr 55 Tagen hat die Sonne die Eier
ausgebrütet. Die kleinen Schildkröten schlüpfen bei Nacht
aus den Eiern und graben sich durch den Sand
an die Oberfläche. Sofort krabbeln sie los Richtung Wasser.

Lara

Die Ohrenqualle ist durchsichtig und an
den vier weißen Ringen zu erkennen. Sie
ist im Gegensatz zur Feuerqualle harmlos.

Luca

1 Welche Informationsquellen nutzen Luca, Lara und Darlin?

2 Welche Möglichkeiten kennt ihr noch?
Welche Informationsquellen nutzt ihr selbst am liebsten?
Sprecht darüber.

3 Suche dir ein Wassertier aus.
Beschaffe dir darüber Informationen aus unterschiedlichen
Quellen. Schreibe dann einen Text über dein Tier.

Tiere im Teich

1. Unter den Lupen auf dem Bild seht ihr vier kleine Wassertierchen: den Wasserläufer, den Rückenschwimmer, den Gelbrandkäfer und den Seerosenblattkäfer.
   Ordnet jedem Wassertierchen einen Namen zu.

2. Vergleicht und begründet eure Auswahl.
   Schreibt eure Begründungssätze so:
   Der Seerosenblattkäfer frisst das Blattgrün der Seerosenblätter.
   Der Rückenschwimmer …

3. Welche weiteren Lebewesen haben sonst noch ihren Lebensraum am oder im Teich?
   Schreibt so: *am Teich: die Ente, …*
   im Teich: …

22 ● Erklärungen für unbekannte
    Wörter suchen ▶ Das Fahrrad und andere
    Erfindungen: Seite 37 ▶ Forderkartei: Nr. 21

Teichmolch oder Kammmolch?

Teichmolch

Kammmolch

1 Seht euch die beiden Fotos der Molche an.
Beschreibt beide Tiere so genau wie möglich.

1. Der Teichmolch ist ungefähr elf Zentimeter lang.
2. Der Kammmolch ist mit ungefähr achtzehn Zentimetern
   länger als der Teichmolch.
3. Das Männchen des ? hat eine gelbbraune Oberseite
   und auf der Unterseite runde, dunkle Punkte.
4. Der ? ist ein großer, kräftiger Molch
   mit einem breiten Kopf.
5. Die Haut des ? ist sehr dunkel und leicht gekörnt.
6. Die Haut des ? ist ganz glatt.
7. Das Männchen des ? hat einen hohen schwarzen Kamm
   auf dem Rücken, der am Beginn des Schwanzes unterbrochen ist.
8. Der ? hat einen Kamm auf dem Rücken, der durchgängig
   vom Kopf bis zur Schwanzspitze reicht.

2 Lest nun die Sätze.
Die Beschreibungen der beiden Molche wurden vermischt.
Schreibt je vier zusammengehörende Sätze so,
dass zwei richtige Beschreibungen entstehen.
Der Teichmolch ist ungefähr …   *Der Kammmolch ist mit ungefähr …*
Das Männchen …

● Fotos beschreiben
● Bilder betrachten und
  Texte zuordnen
▶ Sprach-Werkstatt:
Seite 101
▶ Förderheft: Seite 13
▶ Forderkartei: Nr. 23

23

Tiere im Ozean – Blauwale

Der Blauwal ist das größte Säugetier der Erde.
Er kann eine Körperlänge von bis zu 33 Metern erreichen.
Mit ungefähr 120 Tonnen wird er bis zu 24-mal schwerer als
ein Afrikanischer Elefantenbulle. Die Fettschicht ist bis zu
40 Zentimetern dick und schützt ihn vor der Kälte des Wassers.
Sein Herz ist so groß wie ein kleines Auto. Blauwale können
bis zu achtzig Jahre alt werden.
Obwohl der Blauwal im Meer lebt, ist er kein Fisch, sondern
ein Säugetier. Wale bringen ihre Jungen lebend zur Welt.
Der Nachwuchs ist bei der Geburt ungefähr sieben Meter
lang und wiegt 2500 Kilogramm, so viel wie ein Kleinbus.
Die Jungen werden von ihren Müttern gesäugt.
Der Wal hat Lungen und kommt zum Atmen an die
Wasseroberfläche. Durch das Blasloch, das Nasenloch des
Wales, atmet er ein und aus. Beim Ausatmen entsteht eine
hohe Fontäne. Unter Wasser wird das Blasloch verschlossen.
Blauwale ernähren sich von winzigen Krebsen, dem Krill.
Sie sieben mit ihren Barten den Krill wie mit einem Sieb
aus dem Meereswasser.

1. In diesem Text findet ihr unterschiedliche Sachinformationen
zum Blauwal. Schreibt sie als Steckbrief auf. Arbeitet zu zweit.
   a. Alter: …
   b. Größe: Körperlänge bis zu …
   c. Gewicht: …
   d. Nachwuchs: …
   e. Atmung: …
   f. Ernährung: …

2. Schreibt einen Steckbrief zu einer anderen Walart.

Gefahren für Wale

Wale gehören zu den bedrohten Tieren unserer Erde. Die meisten Walarten ernähren sich von Fischen oder Krebsen. Durch die Wasserverschmutzung und Überfischung der Meere gibt es immer weniger Fische und Krebse. Die Wale drohen deshalb zu verhungern. Wale verenden oft in Fischernetzen. Sie können am Müll ersticken, den sie unbeabsichtigt schlucken.

Einige Tiere werden durch Schiffsschrauben verletzt. Eine große Bedrohung geht auch vom Walfang aus. Es gibt Vereinbarungen, die den Wal unter Schutz stellen und seinen Fang verbieten. Daran halten sich jedoch nicht alle Länder. Viele Kinder setzen sich aktiv für den Schutz der Wale ein.

1 Welchen Gefahren sind Wale ausgesetzt?
Schreibe sie in Stichwörtern auf: *Wasserverschmutzung, …*

Warum sind Wale gefährdet?

Die Wale finden keine Nahrung mehr.	Öl und giftiges Abwasser verschmutzen die Meere.
Der Lebensraum der Wale wird zerstört.	Sie verfangen sich in Netzen und können sich nicht daraus befreien.
Die Wale müssen ersticken.	Die Meere werden leergefischt.
Der Bestand der Wale verringert sich stark.	Sie werden von Walfängern gefangen und getötet.

2 Verbinde den ersten Satz jeweils mit dem passenden Begründungssatz mit **weil**.
Die Wale finden keine Nahrung mehr, weil die Meere leergefischt werden.

3 Schreibe weitere Begründungssätze für die Bedrohung der Wale.

Übungskiste

> Gewässer verschmutzen beschützen Ozean Lebensraum
> Umweltschutz zerstören beobachten Teich See
> Meer Nahrung überfischen benötigen Verunreinigung

1 Suche die Nomen in der Wörterliste.
Schreibe sie mit Artikel und Seitenzahl auf: *das Gewässer, Seite 140, ...*

2 Bilde mit jedem Verb einen Satz. Unterstreiche die Verbformen.
Öl und Umweltgifte <u>verschmutzen</u> die Meere.

3 In einigen Verben steckt ein Nomen. Schreibe so:
beschützen − der Schutz, ...

Abschreibtext

Tiere im Wasser
Viele Lebewesen unserer Erde leben im Wasser.
Manche leben im Süßwasser,
andere benötigen das Salzwasser.
Von gigantischen Walen bis hin zu kleinen Krebsen findet
man unterschiedliche Lebewesen in den großen Ozeanen.
Aber auch in viel kleineren Gewässern
gibt es eine große Artenvielfalt.
Teiche und Tümpel bieten vielen Tieren einen Lebensraum.
Man kann dort Fische, Molche, Schnecken, Muscheln,
Wasserkäfer und Insektenlarven beobachten.
Um diesen Reichtum an Lebewesen im Wasser zu erhalten,
ist es wichtig, ihren Lebensraum zu schützen.

4 Schreibe den Text ab.
Unterstreiche alle Wörter, die du interessant findest.

5 Suche noch weitere Wasserwörter.

26
● Arbeit mit der Wörterliste   ▶ Lern-Werkstatt: Seite 74   ▶ Arbeitsheft: Seite 11
● Mit Verben Sätze bilden   ▶ Sprach-Werkstatt: Seite 117   ▶ Förderheft: Seite 15
● Methodisch sinnvoll und   ▶ Wörterliste: Seite 136−151   ▶ Forderkartei: Nr. 27, 28
   korrekt abschreiben

Ideenkiste

Unterwasserwelt

Bastelt euch eine
eigene Unterwasserwelt.
Überlegt vorher,
ob ihr allein, zu zweit
oder in einer
kleinen Gruppe
arbeiten wollt.

Ein Karton wird mit Farbe angemalt.
Dann werden die Fische, die Wassertiere und Pflanzen
aus bunter Pappe gebastelt oder die Fotos ausgeschnitten.
Die Tiere und Pflanzen können in den Karton geklebt
oder mit Fäden an der Oberseite des Kartons befestigt werden.
Dekoriert den Karton mit Sand, Steinen, Muscheln,
Schneckenhäusern, kleinen Schätzen und Fischernetzen.
Bastelt nun noch einen Taucher.
Schneidet aus einem Foto euer eigenes Gesicht aus
und klebt es auf den Taucher.
Sucht für den Taucher einen Platz
in der Unterwasserwelt.

Stell dir vor,
du bist der Taucher oder ein Meeresforscher.
Erzähle einem Kind, was du in deiner Unterwasserwelt siehst.
Denke dir ein Abenteuer über etwas aus, das du entdeckst,
oder darüber, was du mit einem Unterwassertier erlebst.
Schreibe dein eigenes Unterwasserabenteuer in dein Heft.

Die Welt um uns herum

Kinder in der Schule

1 Sprecht über diese Fotos.

2 Welche Beschreibung von Seite 29 passt zu welchem Foto?
Begründe deine Zuordnung.

● Texte und Bilder einander
zuordnen

A

Satinder lebt in Indien in einem kleinen Dorf. Er zieht am Morgen seine Schuluniform an, nimmt seine Schulsachen und geht in die Schule. Die Schule beginnt jeden Morgen mit dem Morgenappell. Dabei treffen sich alle Kinder mit dem Schulleiter, singen ein Lied und bekommen etwas aus der Zeitung vorgelesen. In Satinders Klasse sind vierzig Kinder. Die Schuluniform und die Schulsachen kosten viel Geld, und oft bezahlen die Eltern sie nur für ihre Söhne. Der Lehrer liest den Kindern viel vor und erklärt.
Fast den ganzen Tag hören die Kinder zu.

B

Luan lebt in Burkina Faso, kein Schulgebäude, Unterricht im Schatten, Hefte teuer, auf Tafeln schreiben, Schulbeginn um 7.30 Uhr, zwei Stunden Fußweg zur Schule

C

Emily und Jack, England, Schuluniform, Schule von 9.00 bis 15.30 Uhr, Mittagspause, Spielzeiten, Unterricht mit Comupter, Beamer, Experimente, Arbeit in Gruppen, keine Hausaufgaben

D

Olivia, Australien, Schule 800 km entfernt, Unterricht über das Internet, Übungshefte und Hausaufgaben alle zehn Tage mit Viehtransporter zur Lehrerin, einmal im Jahr Treffen in der Schule, Lehrerin einmal im Jahr zu Besuch bei Olivia

3   Suche dir ein Foto aus und schreibe dazu einen eigenen Text.
Du kannst ihn ähnlich wie Text **A** schreiben.

4   Vergleicht die Schulsituation dieser Kinder mit eurer eigenen.
Was ist anders? Was ist wahrscheinlich ähnlich?

5   Findet etwas über Schulen in anderen Ländern heraus,
zum Beispiel in den Partnerstädten eurer Stadt.
Ihr könnt auch im Internet nach Informationen suchen,
zum Beispiel bei *www.robinson-im-netz.de*
unter der Rubrik Info/Land & Leute.

6   Stellt euch die Ergebnisse in einer Wandzeitung gegenseitig vor.

Auf der Kakaoplantage

Das ist Evrad. Er ist acht Jahre alt und lebt in der Elfenbeinküste, einem Land in Afrika. Er besucht keine Schule. Evrads Familie besitzt eine Kakaofarm. Die Eltern verkaufen ihre Kakaobohnen an Händler, die sie auch nach Deutschland weiterverkaufen. Hier werden damit leckere Dinge aus Schokolade hergestellt.

So sehen Evrads Tage aus:
- 5.00 Uhr, aufstehen, Banane zum Frühstück,
- langer, anstrengender Fußweg zur Kakaoplantage,
- mit giftigen Chemikalien Schädlinge bekämpfen,
- mit der Machete Kakaoschoten abschlagen,
- Schoten mit der Machete aufschlagen,
- Kakaobohnen herauslösen,
- Kakaobohnen zum Trocknen auslegen,
- ein paar Bananen zum Mittag essen,
- trockene Kakaobohnen in Säcke füllen,
- Säcke zum Sammelplatz schleppen,
- Säcke verkaufen, wenig Geld bekommen,
- 17.00 Uhr, Heimweg.

1 Erzählt euch den Tagesablauf von Evrad. Die Bilder und Stichwörter helfen euch dabei.

2 Täglich gibt es in Evrads Leben Situationen, die gefährlich und für seine Gesundheit schädlich sind. Schreibt sie so auf:
Evrad frühstückt nur eine Banane. Er …

3 Vergleiche Evrads Tagesablauf mit deinem eigenen. Schreibe so auf:

	ich	*Evrad*
morgens	*Müsli zum Frühstück*	*…*
vormittags	*Schule*	*…*

4 Sprecht über eure Ergebnisse.

Eines Tages kommt Evrads Vater nach Hause und berichtet, dass sich
die Kakaobauern des Dorfes einer Kooperative anschließen wollen.
Diese Gemeinschaft will die Kakaobohnen an den *Fairen Handel*
verkaufen. Die Kakaobauern müssen dann auf Chemikalien verzichten
und die Kinder dürfen nicht mehr auf der Plantage arbeiten.
Aber die Bauern bekommen mehr Geld für den Kakao.
Davon können sie gut leben. Die ganze Familie freut sich
und hofft, dass jetzt alles besser wird.

5 Welche Hoffnungen und Wünsche für die Zukunft
hat die Familie wohl? Überlegt in Gruppen.

Evrad: Ich werde endlich …   Vater: Ich werde …   Mutter: Wir …

> Mit der Zeitform **Futur** sagen wir,
> dass etwas in der **Zukunft** passiert.
> Das Futur wird mit **werden** gebildet.
> *Bald* **wird** *Evrad hoffentlich eine Schule* **besuchen**.

6 Schreibe vier Wünsche von Evrads Eltern in der Zeitform Futur.
Beginne die Sätze mit diesen Wörtern:

Hoffentlich …   Bestimmt …   Wahrscheinlich …   Vielleicht …

7 Was wird sich für Evrads Familie auf jeden Fall ändern?
Schreibe einige Sätze in der Zeitform Futur darüber.

8 Evrad weiß, was in Europa aus den Kakaobohnen gemacht wird.
Er hat aber noch nie Schokolade gegessen.
Welche Produkte aus Kakao oder mit Kakao kennt ihr?
Legt gemeinsam eine Liste an.

Einkaufen

Einkaufen mit dem Fairtrade-Siegel

Nele und ihre Eltern haben beim Einkaufen das Zeichen für *Fairen Handel* auf einer Tafel Schokolade entdeckt. Sie stellen fest, dass diese Schokolade etwas teurer ist als die andere.

1. Überlegt, warum die fair gehandelten Waren teurer sind.

2. Sammelt Informationen über *Fairen Handel*, zum Beispiel im Internet.

3. Sucht beim Einkaufen nach dem Siegel für *Fairen Handel*. Besprecht, wo und bei welchen Waren ihr das Siegel gefunden habt.

4. Findet heraus, wo die fair gehandelten Waren herkommen.

Einkaufen früher

Früher verkaufte der Kaufmann fast nur solche Lebensmittel, die zur Jahreszeit passten und in der Umgebung wuchsen, zum Beispiel Äpfel und Birnen im Herbst und Erdbeeren im Sommer. Lebensmittel, die aus weit entfernten Ländern kamen, wie Ananas, Mangos, Bananen, Kaffee und Kakao, gab es entweder gar nicht oder nur in wenigen Geschäften. Neles Urgroßmutter hat deshalb nie eine Mango gegessen.

Einkaufen heute

Heute verkaufen viele Läden das ganze Jahr über fast alle Obstsorten. Nele mag Erdbeeren. Ihre Mutter besorgt sie auch im Winter im Supermarkt. Sie kommen aus Spanien oder Marokko. Ananas, Mangos und Bananen gibt es das ganze Jahr.

5 Sprecht über die beiden Texte. Überlegt gemeinsam:
   - Wie kamen früher Lebensmittel aus entfernten Ländern hierher?
   - Wie werden sie heute transportiert?
   - Warum verderben sie nicht beim Transport?

6 Recherchiert gemeinsam, woher die Lebensmittel kommen.
   Tragt eure Ergebnisse in eine Tabelle ein.

	Frühling	Sommer	Herbst	Winter
Erdbeeren	...	...	...	...
Kartoffeln	...	...	...	...
Bananen	...	...	...	...
...	...	...	...	...

7 Schaut auf einem Globus nach, wo die Herkunftsländer liegen.

8 Die Texte *Einkaufen früher* und *Einkaufen heute*
   erzählen von der Vergangenheit und von der Gegenwart.
   Schreibe die beiden Texte ab.
   Unterstreiche dann die Verbformen im Präteritum und im Präsens.

> Das **Perfekt** und das **Präteritum** benutzen wir meistens dann,
> wenn wir über etwas Vergangenes sprechen oder schreiben:
> *Neles Urgroßmutter hat nie Mangos gegessen.*
> *Frau Bruns kaufte Äpfel bei Bauer Müller.*
> Das **Präsens** benutzen wir,
> wenn wir etwas über die Gegenwart aussagen:
> *Neles Mutter kauft im Winter Erdbeeren.*

9 Trage die Verben aus den Texten
   in der gebeugten Form mit **er** so in eine Tabelle ein:

Präsens	Präteritum	Perfekt	Futur
er verkauft	er verkaufte	er hat verkauft	er wird verkaufen
er passt	er ...	...	...
er wächst	...	...	...

- In Texten Informationen finden
- Tabellen anlegen
- In verschiedenen Zeitformen schreiben
▶ Sprach-Werkstatt: Seite 110
▶ Arbeitsheft: Seite 39
▶ Förderheft: Seite 16–18
▶ Forderkartei: Nr. 29, 30

33

Übungskiste

fair   gesund   arbeiten   aussuchen   bekommen   wachsen
bezahlen   kaufen   einkaufen   einpacken   endlich   modern
anziehen   kosten   vielleicht   hoffentlich   wahrscheinlich
düngen   anstrengend   lecker

1 Sortiere die Wörter nach der Anzahl der Silben.
Wörter mit einer Silbe: fair   Wörter mit zwei Silben: ge-sund, …
Wörter mit drei Silben: ar-bei-ten, …

2 Schreibe jedes Verb in der gebeugten Form mit **er** im Präteritum
und im Futur. Schreibe so: *arbeiten – er arbeitete, er wird arbeiten, …*

Abschreibtext

Fairer Handel
Bei der Produktion von Kakao, Bananen, Baumwolle,
Kaffee, Sportbällen, Teppichen und anderen Dingen
verdienen die Arbeiter in einigen Ländern oft nicht
genug Geld, um die Familien ernähren zu können.
Deshalb müssen die Kinder mitarbeiten und können
keine Schulen besuchen. Der *Faire Handel* sorgt dafür,
dass mehr Lohn gezahlt wird und dass die Kinder
nicht mehr arbeiten müssen.
Außerdem sollen keine Pflanzenschutzmittel
mehr versprüht werden. Die Käufer von fair gehandelten
Waren zahlen deswegen etwas mehr Geld. So tragen sie
dazu bei, dass es vielen Kindern besser geht.

3 Schreibe den Text in deutlicher Schrift ab.

4 Unterstreiche schwierige Wörter und merke dir die Schreibweise.

5 Was sind die Vorteile, was die Nachteile des *Fairen Handels*?
Schreibe einige Beispiele aus dem Text auf.

- Wörter nach Silbenzahl ordnen
- Zeitformen: Präteritum, Futur
- Methodisch sinnvoll und korrekt abschreiben

▶ Sprach-Werkstatt: Seite 110

▶ Arbeitsheft: Seite 11, 39
▶ Förderheft: Seite 19
▶ Forderkartei: Nr. 29–32, 35, 3

Ideenkiste

Rezepte
Diese Rezepte reichen für vier Kinder.

Schokoladenfondue
Ihr braucht: verschiedene Früchte, eine Tafel Schokolade (am besten fair gehandelte), eine Porzellanschale, einen Topf mit etwas Wasser, Holzspieße.
Zubereitung: Obst waschen, schälen und klein schneiden, Schokolade in die Porzellanschale bröckeln, im Wasserbad erhitzen, Obst in die geschmolzene Schokolade tunken.

Bananenmilch
Ihr braucht: 4 Bananen (am besten fair gehandelte), einen halben Liter (500 ml) Milch oder Buttermilch, einen Pürierstab, ein schmales, hohes Gefäß.
Zubereitung: Bananen schälen, in kleine Stücke brechen und in das Gefäß geben, die Milch oder Buttermilch darüber gießen, alles mit dem Pürierstab so lange pürieren, bis sich die Bananenstückchen mit der Milch verbunden haben.

Ihr könnt die Bananenmilch und das Schokoladenfondue auch in Gruppen herstellen.

Sucht weitere Schokoladen- und Bananenrezepte und legt eine Rezeptsammlung an.

Das Fahrrad und andere Erfindungen

① Klingel

Schlussleuchte mit rotem Rückstrahler

roter Reflektor (hinten)

Scheinwerfer mit Frontreflektor

Vorderradbremse

Pedalrückstrahler | Hinterradbremse | Speichenreflektor

②

③

④

| Einrad | BMX-Rad | Liegerad | Mountainbike | Tourenrad |

⑤

1 Betrachte die Fotos. Wie heißen die Räder? Welche Unterschiede erkennst du?

2 Nur zwei von diesen Fahrrädern sind verkehrssicher. Welche sind es? Was fehlt bei den anderen?

3 Wenn du dir ein Fahrrad aussuchen könntest, wie würde dein Wunschrad aussehen? Beschreibe es.

● Bildern Informationen entnehmen

Fahrradwörter

Gepäckträger Fahrradständer Handbremse Luftpumpe
Kettenschutz Fahrradschloss Hinterradbremse
Vorderradbremse Frontscheinwerfer
Speichenreflektor Pedalrückstrahler Schutzblech

(1) Aus welchen Nomen bestehen diese Fachwörter? Schreibe so
in dein Heft: *der Gepäckträger: das Gepäck – der Träger, …*

(2) Erkläre einige Fachwörter, die du kennst, näher.
Handbremse: Die Handbremse wird mit der Hand betätigt.
Ihr Griff ist am Lenker befestigt. …

> Mit **zusammengesetzten Nomen** kann man etwas
> genauer bezeichnen: *die Bremse – die Handbremse*.

Wortfamilie fahren

(3) Mit dem Wortbaustein **fahr** lassen sich viele Wörter bilden.
Setze die Wörter zusammen und schreibe sie in dein Heft.

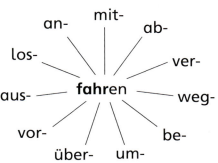

> Wörter mit einem gemeinsamen **Wortstamm** gehören zur
> gleichen **Wortfamilie**. Die Wörter mit dem **Wortstamm**
> *FAHR* gehören zur Wortfamilie *fahren*.

- Fachwörter verwenden und erklären
- Zusammengesetzte Nomen verwenden
- Mit Wortfamilien arbeiten

► Tiere im Wasser: Seite 22

► Arbeitsheft: Seite 13, 38
► Förderheft: Seite 20
► Forderkartei: Nr. 37, 38

37

Fahrrad fahren früher …

1817
Karl von Drais erfindet die erste Laufmaschine. Alle Teile sind aus Holz. In der Mitte ist ein kleines Kissen zum Sitzen angebracht. Das Gefährt ist viermal schneller als ein Fußgänger.

1870
Das Fahrrad bekommt eine Tretkurbel am Vorderrad. Um die Geschwindigkeit zu steigern, ist das Vorderrad sehr groß, das Hinterrad klein. Der Fahrer steigt über das Hinterrad auf.

1879
Harry Lawson baut das erste Fahrrad mit Pedalen und Kettenübertragung. Die Räder sind noch aus Holz. Bald werden sie durch Gummireifen ersetzt.

1 Welcher Text gehört wohl zu welchem Bild?

2 Stell dir vor, du benutzt diese Fahrräder. Erzähle darüber.

3 Suche dir eine dieser Schreibaufgaben aus:

- Schreibe einen Text zur Geschichte des Fahrrades.
  So kannst du beginnen: *Im Jahr 1817 erfand …*
- Du findest im Schuppen ein Hochrad von 1870.
  Schreibe auf, wie du losfährst und was du so erlebst.

Wie komme ich denn da rauf?

- Texte und Bilder einander zuordnen
- Über Erfahrungen berichten
- Geschichte des Fahrrades schreiben

▶ Forderkartei: Nr. 40

... und heute

> Wozu werden heute eigentlich immer noch Fahrräder benutzt? Wir haben doch Autos!

1 Sprecht über die Bilder und den Text in der Sprechblase.

2 Was spricht für das Fahrrad, was für das Auto
als Fortbewegungsmittel?
Sammelt unterschiedliche Argumente. Notiert Stichwörter dazu.
Fahrrad: *fit durch Bewegung, ...*
Auto: *bei Regen nicht nass, ...*

3 Organisiert in der Klasse ein Streitgespräch über die Vorteile
und die Nachteile von Auto und Fahrrad.
Benutzt eure Stichwörter beim Argumentieren.

> Wenn es regnet, werde ich nicht nass.

> Die Bewegung hält mich fit.

4 Die Zuhörer entscheiden:
Welche Argumente waren überzeugend?
Wer konnte seine Argumente besonders wirkungsvoll vortragen?

- Argumente sammeln
- Streitgespräche führen
- Feedback geben

Natur ...

In der Nacht geht die Katze auf die Jagd. Wenn ein Lichtstrahl auf ihre Augen trifft, leuchten sie in der Dunkelheit. Auf der Rückseite des Katzenauges gibt es eine Schicht, die das Licht reflektiert.

Lianen sind Urwaldpflanzen, die auf Bäumen wachsen. Sie hängen wie Seile herab und sind sehr stabil. Wenn eine Liane einen Riss bekommt, heilt sie ihn selbst. Wenige Minuten nach dem Riss dringt eine Flüssigkeit in den Spalt ein und dichtet ihn wieder ab. Bald ist die Liane wieder fest.

1 Sieh dir die Bilder auf beiden Seiten an und lies die Texte.

2 Beantworte die folgenden Fragen:

    a. Was passiert, wenn die Rückstrahler eines Fahrrades angeleuchtet werden?

    b. Warum wird die Liane wieder fest?

    c. Was bewirkt der Schaum, den die Forscher für Reifen entwickelt haben?

    d. Was passiert, wenn die Augen der Katze in der Dunkelheit angestrahlt werden?

3 Überlegt gemeinsam, was zusammengehört, und begründet es.

● Fragen aus einem Text beantworten
● Gemeinsam Sachverhalte klären

... und Technik

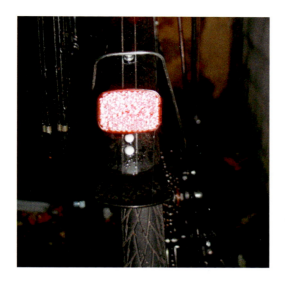

Nachts fährt ein Radfahrer auf der Straße. Die Scheinwerfer eines Autos leuchten das Fahrrad an.
Die Rückstrahler des Fahrrades leuchten zurück. Sie sind so gebaut, dass sie das Licht reflektieren.

Forscher haben einen Schaum aus Kunststoff entwickelt, der im Inneren von Autoreifen aufgetragen werden kann. Wenn der Reifen von einem Nagel durchstochen wird, quillt der Schaum in das Loch und verschließt es. Es wäre schön, wenn es das auch für Fahrräder gäbe.

4 Schreibe zu den beiden Fotos unten einen eigenen Erklärungstext. Die Stichwörter helfen dir.

 Klette

 Klettverschluss

hängen bleiben   kleine Haken   kleine Schlingen   Pflanze

5 Der Begriff Bionik setzt sich zusammen aus den Begriffen *Biologie* und *Technik*. Er bedeutet: lernen von der Natur für eine neue Technologie. Sucht im Internet Bionik-Erfindungen unter *www.kindernetz.de* oder *www.naturdetektive.de*.

Werbung ausdenken und gestalten

Wer etwas verkaufen will, muss sein Angebot bekannt machen.
Dabei kommt es darauf an, sein Produkt so darzustellen,
dass alle es haben wollen. Nachteile werden in der Werbung nicht
genannt, denn sonst würde vielleicht niemand das Produkt kaufen.

(1) Betrachtet zuerst die Bilder und lest die Texte. Sprecht darüber.

(2) Stellt euch vor, ihr hättet eine Fabrik für Fahrräder.
Lasst euch Werbe-Ideen einfallen.
Folgende Vorschläge können euch helfen:

Werbe-Idee Nr. 1
Marelli, das ganz besondere Fahrrad
So kann das Fahrrad sein:
schnell, preisgünstig, toll, stabil, …
• Welche Adjektive fallen euch für
  das Marelli noch ein?
• Schreibt Werbesprüche oder einen
  kleinen Werbetext.
Ihr könnt die Adjektive auch noch steigern
(stabil, stabiler, am stabilsten)
oder mit ihnen vergleichen:
so schnell wie … schneller als …

Marelli –
stabiler als alle anderen

Werbe-Idee Nr. 2
Marelli, das Rad mit der tollen Technik
Das Marelli hat eine besonders
starke Bremse, eine äußerst
präzise Gangschaltung,
eine besonders *bequeme* Federung,
formschöne Schutzbleche, …
• Erfindet Werbebilder oder Texte, in
  denen alle Vorteile der Marelli-Technik
  gezeigt werden. Lasst euch auch etwas
  Witziges einfallen!

Nie mehr verfahren!
Nur Marelli hat das
QF-Modul mit Farbmonitor.

● Werbe-Ideen entwickeln
● Mit Sprache kreativ umgehen

Marelli
Fährst du noch
oder schwebst du schon?

Ich fahre Marelli,
weil Pizza
heiß gegessen
werden muss.

Ich fahre Marelli,
weil ich nicht
gern absteige.
Theo L.
Fußball-Profi

Seitdem ich Marelli fahre,
fliegen mir die ♩ Herzen zu.

Werbe-Idee Nr. 3
Mit diesem Rad kommst du überall hin

Mit dem Marelli kommst du an die tollsten Plätze: *an einen Palmenstrand, durch wilde Schluchten, durch das ewige Eis, in eine Traumwelt, …*

• Schreibt Werbesprüche auf oder malt Plakate, wie die Menschen mit dem Marelli in eine andere Welt gelangen. Vielleicht fallen euch auch Orte ein, wo das Radfahren komisch wirkt.

Werbe-Idee Nr. 4
Ich fahre Marelli, weil …

Menschen werden gefragt, warum sie Marelli fahren. Das könnten bekannte Personen oder Stars sein. Sie antworten meistens mit einem einfachen Satz: *Ich fahre Marelli, weil …*

• Schneidet aus Zeitschriften Fotos von Menschen aus. Erfindet für jeden einen solchen Spruch.
• Fallen euch auch witzige Begründungen ein?

③ Bildet Gruppen. Entwerft eigene Fahrräder und gestaltet Werbeplakate dafür.

Übungskiste

Reifen Lenker Sattel Gepäckträger Fahrradhelm Klingel
Pedalreflektor Gangschaltung Schutzblech Vorderrad Pedal
Hinterrad Straßenverkehr Speichenreflektor Kettenschutz

(1) Sortiere die Wörter nach der Anzahl der Silben.
Wörter mit zwei Silben: Rei-fen, …
Wörter mit drei Silben: Fahr-rad-helm, …
…

(2) Alles Unsinn! Schreibe die Sätze richtig auf.

Ich sitze auf dem Kettenschutz meines Fahrrades.
Meinen Pedalreflektor trage ich auf dem Kopf.
Die Tasche befestige ich auf dem Schutzblech.
Vorne am Fahrrad ist das Hinterrad befestigt.
Ich lenke mein Fahrrad mit dem Gepäckträger.

(3) Schreibe noch weitere Sätze mit den Wörtern aus dem Wörterkasten.

Abschreibtext

Nur mit Fahrradhelm!
Lena und Juri haben einen Ausflug mit dem Fahrrad
geplant. Als sie starten wollen, sagt Juri: „Lena, wo hast
du denn deinen Fahrradhelm?" Lena antwortet: „Den
wollte ich heute nicht mitnehmen, wir fahren doch nur
ein kleines Stück!" Aber damit ist Juri nicht zufrieden.
Er erklärt: „Bei einem Sturz kann man sich schwer am
Kopf verletzen. Mit Helm ist es einfach sicherer."
Lena lässt sich überzeugen und holt ihren Helm. Dann
radeln sie los. Unterwegs sehen sie viele Leute, die keinen
Helm tragen. Lena sagt zu Juri: „Ob die Erwachsenen
stabilere Köpfe als die Kinder haben?"

(4) Schreibe den Text ab. Unterstreiche die wörtliche Rede.

- Wörter nach Silbenzahl ordnen
- Methodisch sinnvoll und korrekt abschreiben

▶ Arbeitsheft: Seite 11
▶ Förderheft: Seite 23
▶ Forderkartei: Nr. 43, 44

Ideenkiste

Das Fantasie-Fahrrad

Nun weißt du schon so viel über Fahrräder, dass du dir bestimmt
ein Fantasie-Fahrrad für dich ausdenken kannst.

Überlege, was dein Fantasie-Fahrrad alles kann:
Vielleicht macht es Musik beim Fahren?
Oder lenkt es den Regen zur Seite ab?
Könnte es beim Fahren nebenbei deine Hausaufgaben erledigen?
Notiere, was dir wichtig ist.

Male dein Fantasie-Fahrrad.
Du kannst es auch aus Bildteilen zusammenkleben.

Beschreibe, was dieses Wunderding alles kann
und wie es funktioniert.
Wie wird es gestartet?
Welchen Hebel muss man ziehen,
um eine bestimmte Vorrichtung in Gang zu setzen?

Gib deinem Fantasie-Fahrrad einen Namen.
Der Name soll gut dazu passen.

Rollo-Tollo

Superschleuder

Klapperschnecke

Alugurke

● Ein eigenes Fantasie-Fahrrad
  entwerfen und beschreiben
● Mit Sprache kreativ umgehen

▶ Ich und die anderen:
  Seite 15

▶ Förderheft: Seite 21

45

Von Rittern und Burgen

1 Seht euch die Bilder an und sprecht darüber.

2 Was wisst ihr schon über das Leben in der Zeit der Ritter und Burgen? Berichtet darüber.

3 Stellt einen Informations- und Ausstellungstisch zum Thema *Ritter und Burgen* zusammen.

● Bilder betrachten
● Informationen sammeln

Rittersprüche

A Die Tafel aufheben B Jemanden im Visier haben

C Pech haben D Auf großem Fuß leben

E Etwas im Schilde führen F Sich die Sporen verdienen

1 Überlegt, was diese Sprüche bedeuten könnten.

① *Früher:* beim Sturm auf die Burg mit heißem Pech begossen werden
Heute: kein Glück haben

② *Früher:* die Bretter und Bänke der langen Festtafel wegräumen, um tanzen zu können
Heute: das Essen beenden

③ *Früher:* sich teure Lederschuhe mit langen Spitzen leisten können
Heute: verschwenderisch leben

④ *Früher:* den Gegner durch das Helmvisier ansehen
Heute: jemanden genau beobachten

⑤ *Früher:* mit dem Familienwappen auf dem Schild in die Schlacht reiten und sich dahinter verbergen
Heute: etwas (Böses) vorhaben

⑥ *Früher:* die Ausbildung zum Ritter durchlaufen
Heute: sich etwas erarbeiten

2 Besprecht gemeinsam, welche Redewendung zu welcher Erklärung passt.

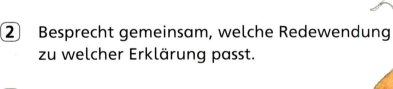

3 Schreibt so in euer Heft:
A Die Tafel aufheben
2. Früher: die Bretter und Bänke …
Heute: das Essen …

4 Sucht in Büchern nach weiteren Redewendungen, die aus der Zeit der Ritter kommen. Schreibt sie so auf wie im Beispiel.

● Redewendungen richtig zuordnen
● Gemeinsamkeiten und Unterschiede von Sprache benennen
▶ Forderkartei: Nr. 45

47

Die Ausbildung: Page – Knappe – Ritter

Die Kinder der Klasse 4a wollen einen Vortrag darüber halten,
was ein Junge alles lernen musste, um Ritter zu werden.
Sie lesen dazu Texte, in denen Ritter Gerolf von seiner
Ausbildung erzählt. Wichtige Informationen haben die
Kinder markiert und in Stichwörtern auf Zettel geschrieben.

Der Page Gerolf

1   Als ich noch klein war, durfte ich bei meinen Eltern
auf der Burg leben. Mein Vater, der Burgherr von
Greifenstein, wollte, dass ich Ritter werde.
Mit sieben Jahren wurde ich Page.
5   Jetzt musste ich vieles lernen.
Mit meinem Vater übte ich nun reiten und kämpfen.
Im Bogenschießen war ich sehr geschickt,
aber der Faustkampf klappte nicht so gut.
Meine Mutter sorgte dafür, dass ich lernte,
10   mich gut zu benehmen, zum Beispiel am Tisch.
Außerdem wollte sie, dass ich tanzen lerne.
Sie sagte, jeder Ritter muss seine Dame
zum Tanz führen können. Unser Priester half mir,
lesen, schreiben und rechnen zu lernen.

1   Lest euch den Text durch.

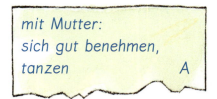

mit Mutter:
sich gut benehmen,
tanzen   A

mit Priester:
lesen, schreiben,
rechnen   B

mit ...

        C

2   Schreibe die Stichwortzettel auf eigene Zettel ab.
Einen Stichwortzettel musst du noch vervollständigen.

3   Erzählt euch gegenseitig mithilfe eurer Stichwortzettel,
wie Gerolf zum Pagen ausgebildet wurde.

Gerolf wird Knappe

1 Mit zwölf Jahren wurde ich Knappe.
Ich durfte nicht zu Hause bleiben,
sondern musste auf eine andere Burg
zu meinem Patenonkel ziehen.
5 Er wurde mein Lehrherr
und übernahm meine Ausbildung.
Als Knappe musste ich meinem Herrn dienen.
Viele Aufgaben kamen auf mich zu.
So musste ich meinem Herrn
10 beim Ankleiden helfen
und ihn beim Essen bedienen.
Besonders gern versorgte ich sein Pferd.
Nicht so gern war ich der Helfer
bei den Turnieren. Da ging es ziemlich hart zu.
15 Mein Onkel brachte mir den Umgang mit den
Waffen bei. Er zeigte mir, wie man mit Schwert
und Lanze kämpft. Ich musste meinen Herrn
auch in die Schlacht begleiten.

4 Lies den Text und schreibe auf Stichwortzettel,
was ein Knappe tut. Denk daran:
nur Stichwörter – keine langen Sätze!

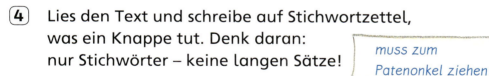

muss zum
Patenonkel ziehen

Gerolf – endlich Ritter

21 Jahre

Pate zufrieden,
Knappe hat alles
gut gelernt

Treueschwur
für König

Ritterschlag

5 Schreibe auf, wie Gerolf Ritter wurde.
Benutze dabei die Stichwörter.
Als ich 21 Jahre alt wurde, ...

Das Ritterturnier

Fanfaren erschallen, das Turnier wird eröffnet, Publikum auf den Tribünen

Ritter in glänzender Rüstung, Lanzen krachen, vom Pferd stürzen

den Kampf mit dem Schwert fortsetzen, laute Hiebe, den Schlag parieren

zu Boden stürzen, die Waffe verlieren, überlegen sein, sich geschlagen geben

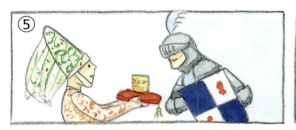

Sieger, stolz, Ehrendame, einen Preis überreichen, sich geehrt fühlen

Festmahl, schmausen, Ehrengast, Ehrendame, zum Tanz aufspielen

1 Sieh dir die Bildergeschichte an und lies dann die Texte.

2 Entscheide dich für eine Rolle: Du kannst ein Ritter, ein Burgfräulein oder ein Zuschauer aus dem Publikum sein. Schreibe deine Geschichte.

Es geht los! Laute Fanfaren erschallen. Das Turnier beginnt.
- *Von meinem Platz aus kann ich alles gut sehen. Der erste Ritter …*
- *Ich lenke mein Pferd auf den Turnierplatz. Mein Herz klopft …*
- *Mein edler Ritter Gerolf …*

Berufe auf der Burg

Auf einer Burg gab es viel zu tun. Deshalb brauchte
der Burgherr viele unterschiedliche Helfer:
einen Waffenmeister, Pferdeknechte, Mägde, einen Gärtner,
einen Mundschenk, einen Hufschmied, Köche, einen Schreiner,
Wachsoldaten, einen Priester und noch viele andere.

1 Seht euch die Bilder auf dieser Seite gemeinsam an
und ordnet die im Text genannten Berufe den Personen zu.

2 Besprecht, was die Personen genau tun
und welche weiteren Aufgaben sie haben könnten.

> reparierte die Waffen

> versorgten die Pferde im Stall

> holten das Wasser aus dem Brunnen

> füllte die Becher mit Wein

> baute das Gemüse im Burggarten an

3 Wer erfüllte auf der Burg welche Aufgaben?
Setze den Text oben fort und unterstreiche die Subjekte blau.
Der Waffenmeister reparierte die Waffen. ...

> Fast alle Sätze enthalten ein **Subjekt**.
> Das **Subjekt** sagt aus, **wer** es ist, der etwas tut.
> Es enthält meistens ein Nomen oder ein Pronomen.
> ***Die Mägde*** *holten Wasser.* ***Sie*** *gingen zum Brunnen.*

4 Schreibe auch zu den anderen Berufen passende Sätze.

Übungskiste

Ritterrüstung Pferdeknecht Waffenmeister Hufschmied
Knappe kämpfen reiten reparieren bewachen versorgen
Lanze Burgfräulein Page Schwertkampf Festmahl
feiern üben zugucken lernen brechen

1 Schreibe die zusammengesetzten Nomen so auf:
der Ritter – die Rüstung – die Ritterrüstung, …

2 Suche einige Wörter in der Wörterliste:
Schreibe so: *der Ritter – S. 146, kämpfen – S. 142, …*

3 Bilde einige Sätze mit Wörtern aus dem Kasten.
Schreibe die Verben im Präteritum. Unterstreiche in jedem Satz
das Subjekt blau. *Der Knappe diente seinem Herrn.*

Abschreibtext

Ein Ritterfest auf Burg Greifenstein
In der Burg herrscht ein reges Treiben.
Zu Ehren des jungen Ritters Gerolf findet ein Fest statt.
Alle Gäste sind festlich gekleidet.
Im Rittersaal biegen sich die langen Tafeln unter
den Platten mit Braten, Wurst, Gemüse und Brot.
Aus wertvollen Kelchen trinken die Gäste Wein und Bier.
Sie schmausen, reden und lachen. Gaukler jonglieren
mit Bällen und führen Kunststücke vor. Musikanten spielen
auf ihren Instrumenten fröhliche Weisen. Nach dem Essen
bittet Ritter Gerolf das Edelfräulein Sigrun zum Tanz.

4 Schreibe den Text ab. Unterstreiche alle Verbformen.
In der Burg herrscht ein reges Treiben.

5 Schreibe die Verben im Präteritum auf: *es herrscht – es herrschte, …*

52
● Zusammengesetzte Nomen
● Methodisch sinnvoll und
   korrekt abschreiben
● Verbformen kennenlernen

▶ Lern-Werkstatt: Seite 75
▶ Sprach-Werkstatt: Seite 110
▶ Wörterliste: Seite 136–151

▶ Arbeitsheft: Seite 11, 13,
   39, 41
▶ Förderheft: Seite 27

Ideenkiste

Ritter Blechbüchse

Du brauchst:

- zwei unterschiedlich große, leere Konservendosen für Kopf und Bauch
- Schraubverschlüsse aus Metall für Arme und Beine
- Schnur zum Verbinden der Teile
- Nagel und Hammer
- Papier für das Gesicht
- Stoffreste für den Umhang

1. Drehe die Konservendosen mit der Öffnung nach unten und schlage in jede Bodenmitte mit Hammer und Nagel ein Loch.
2. Ziehe eine Schnur durch die kleinere Dose und mach im Doseninneren einen Knoten.
3. Führe die Schnur durch die große Dose. Mach auch hier im Inneren einen Knoten. Mit diesem zweiten Knoten legst du den Abstand zwischen Kopf und Körper fest.
4. Schlage seitlich in die Dose noch vier Löcher, oben für die Arme und unten für die Beine.
5. Ziehe durch die Löcher Schnüre für die Arme und Beine.
6. Schlage in die Schraubverschlüsse Löcher und ziehe sie wie Perlen auf die Arm- und Beinschnüre auf.
7. Male auf das Papier ein Gesicht, schneide es aus und klebe es auf die Kopfdose.
8. Befestige einen Umhang aus Stoff am Faden unter der Kopfdose.

Zusätzlich kannst du noch einen Bart und Haare aus Wolle aufkleben sowie ein Visier basteln und dies an der Kopfdose befestigen. Spielt mit euren Dosenrittern ein kleines Ritterspiel.

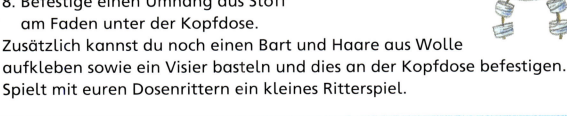

Medien – lesen, hören, sehen

1. Diese Dinge haben die Kinder der Klasse 4a mitgebracht.
   Sprecht darüber.

2. Welche anderen Medien kennt ihr noch?
   Sammelt gemeinsam und schreibt sie an die Tafel.

▶ Förderheft: Seite 28
▶ Forderkartei: Nr. 53, 54

Medien vorstellen

1 Suche dir ein Buch, einen Comic, eine DVD, eine Fernsehsendung oder eine Website aus, die du gern vorstellen möchtest.

2 Bereite dich darauf vor: Was hast du ausgesucht? Worum geht es darin? Warum hat es dir so gut gefallen?

„Pünktchen und Anton" ist mein Lieblingsbuch. Pünktchen ist ein Mädchen aus einer reichen Familie. Aber keiner hat Zeit für sie. Anton muss auf der Straße betteln. Die beiden lernen sich kennen. Es wird dann sehr aufregend und auch ein bisschen traurig. Aber das macht gar nichts. Es ist ein Kinderbuch von meiner Mutter. Erich Kästner hat es 1930 geschrieben.

Ich lese am liebsten Comics über die Micky Maus. Die Bilder erzählen schon fast alles. Da muss ich nicht so viel lesen.

Auf der Website www.blinde-kuh.de finde ich viele Informationen über tolle Sachen.

Ich sehe gern DVDs zusammen mit Freunden. Zuletzt haben wir „Harry Potter" gesehen. Danach sprechen wir immer noch lange über den Film. Ich kann die DVD auch verleihen.

3 Was liest du, was hörst du, was siehst du gern?

Klassenzeitung

Zeitung zum Abschied aus der Klasse 4a
Die Klasse 4a hat heute die Besprechung für ihre letzte
Klassenzeitung in der Grundschule. Die Kinder überlegen,
worüber sie berichten wollen. Zuerst schreiben sie ihre
Vorschläge auf Karten. Anschließend werden die Karten
mithilfe einer Ideenlandkarte (Mindmap) sortiert.

1   Lest die Mindmap.

2   Überlegt gemeinsam, worüber ihr in eurer Klassenzeitung
    berichten wollt. Sammelt eure Ideen und schreibt jeden Vorschlag
    auf eine Karte. Gestaltet dann eure eigene Mindmap.

• Projekte mithilfe einer
  Mindmap planen

3 Die Kinder haben einen Arbeitsplan für ihre Zeitung gemacht.
Welche Aufgaben sind noch zu verteilen?
Sprecht darüber und stellt einen Plan für eure eigene Zeitung auf.

An der Klassenzeitung arbeiten

1. Suche die Homepage deiner neuen Schule.
   Welche besonderen Projekte kannst du finden? Berichte darüber.

2. Welche Projekte haben dir in deiner Grundschulzeit besonders gefallen? Schreibe einen kurzen Text.

Nachtwanderung

Lilly und Meral haben sich über den Unfall bei der Nachtwanderung unterhalten. Sie haben einen kurzen Text geschrieben. Amelie und Metin helfen ihnen dabei, ihn zu überarbeiten.

> *Beinbruch*
>
> *Auf unserer Klassenfahrt haben wir*
>
> *eine Nachwanderung gemacht.*
>
> *Dabei hat sich Matthias den Fuß*
>
> *gebrochen. Er ist in ein tiefes*
>
> *Loch getreten und schon war der*
>
> *Fuss futsch. Frau Tamion hat Matthias*
>
> *zurückgetragen. Dann sind sie*
>
> *ins Krankenhaus gefahren.*

Die Überschrift ist zu kurz. Wie wäre es mit „Beinbruch im dunklen Wald"?

Da ist ein Rechtschreibfehler.

Schreibt doch noch etwas aufregender!

„Futsch" find ich nicht gut. Das klingt zu lustig.

Über den Gipsfuß habt ihr ja gar nichts geschrieben!

3 Lilly und Meral beraten und überarbeiten den Text. Wie könnte der neue Text weitergehen? Schreibe in dein Heft und beachte die Ratschläge der Kinder. So könnte dein Text anfangen:

Beinbruch im dunklen Wald
Auf unserer Klassenfahrt haben wir eine Nachwanderung gemacht.
Im Wald war es sehr dunkel. Plötzlich …

Übungskiste

Hörbuch Kinderzeitschrift Recherche Mindmap
Kinderbuch Comic Internet Interview

1 Welche Erklärung passt zu diesen Wörtern? Schreibe in dein Heft.

1. Im   ?   gibt es viele Bilder mit Sprechblasen.
2. „Pünktchen und Anton" ist ein   ?   .
3. Die   ?   Geolino gefällt manchmal auch den Erwachsenen.
4. Manche Kinderbücher gibt es auch als   ?   .
5. Eine Ideenlandkarte heißt auch   ?   .
6. Im   ?   kann man auch recherchieren.
7. Ein   ?   ist eine Befragung.

Abschreibtext

Das Klassenfest
Viele Eltern, Geschwister, Freunde
und Lehrer kamen zum Klassenfest der 4a.
Die Schüler führten ein kurzes Theaterstück auf.
Nach der Aufführung gab es
großen Beifall für die Darsteller.
Im Klassenraum konnten die Gäste eine Ausstellung
über die Grundschulzeit bewundern.
Die Eltern brachten Spezialitäten
aus verschiedenen Ländern zum Essen mit.
Zum Schluss gab es noch eine Verlosung mit tollen Preisen.

2 Schreibe den Text ab.
Unterstreiche die schwierigen Wörter.

- Schwierige Wörter kennenlernen
- Methodisch sinnvoll und korrekt abschreiben

▶ Arbeitsheft: Seite 11
▶ Förderheft: Seite 31
▶ Forderkartei: Nr. 59, 60

Ideenkiste

Eine Zeitung für unsere Klasse herstellen

Gestalten mit Schere und Kleber
Das leere Papier hinlegen und einteilen

so:

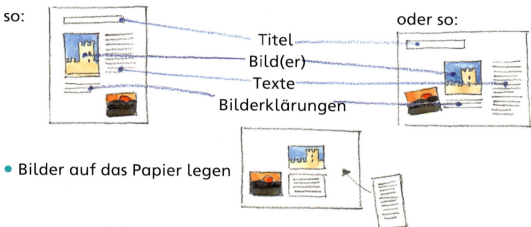

Titel
Bild(er)
Texte
Bilderklärungen

oder so:

- Bilder auf das Papier legen

- Leere Zettel für Texte zurechtschneiden
- Texte auf die Zettel schreiben, alles gerade ausrichten und aufkleben

Gestalten mit dem Computer
Schreibprogramme bieten Möglichkeiten zum Gestalten.

Spalten

Rahmen

Rahmenverzierungen

Zierbuchstaben

D ✳ △ ● Zeichen

Unser Sportfest

Die Texte muss man nicht aufkleben, man kann sie direkt eintippen | Das Sportfest wahr toll. | und verbessern. | Das Sportfest war toll. |

Jahreszeiten, Feste und Feiern

Kinder feiern ...

Ich heiße Inga
und lebe mit meiner Familie in Schweden.
Am 13. Dezember feiern wir das Luciafest.
Santa Lucia ist die Schutzpatronin des Lichtes.
Die älteste Tochter einer Familie darf einen Luciakranz
aus Buchsbaum und Kerzen aufsetzen
und ein weißes Kleid mit einem roten Band anziehen.
In allen Schulen in Schweden wird eine Schülerin
als heilige Lucia gewählt.
Letztes Jahr war ich die Lucia in unserer Schule.
Ich war sehr aufgeregt.

Mein Name ist Sayo.
Ich lebe in Japan.
Ich freue mich auf den 3. März.
Dann findet das Puppenfest
Hina Matsuri statt.
Auf Japanisch heißt Hina kleine Puppe.
Viele Menschen in Japan glauben,
dass sich Krankheiten und Unglück
auf eine Puppe übertragen lassen.
In einigen Gegenden des Landes
werden Puppen aus Papier
in Strohbooten dem Meer übergeben.

● Feste anderer Länder
kennenlernen

... rund um die Welt

Mein Name ist Dilek.
Mein Lieblingsfest ist das Çocuk bayramı.
An diesem Tag im April werden die Kinder
der Türkei geehrt.
Viele Kinder führen Tänze vor.
Dafür ziehen wir unsere schönste Tracht an
oder verkleiden uns mit Kostümen.
Außerdem bekommen wir kleine Geschenke.

1. Schreibe die Fragen und Antworten in dein Heft.
   • In welchem Land lebt Inga?
   • An welchem Tag wird das Luciafest gefeiert?
   • Wie heißt das Kinderfest in der Türkei?
   • In welchem Monat findet das Kinderfest in der Türkei statt?
   • In welchem Land lebt Sayo?
   • Wann ist das Puppenfest in Japan?
   • Für welches Fest braucht man kleine Strohboote?
   • Wie heißt das Puppenfest?
   • Was heißt kleine Puppe auf Japanisch?

2. In Indien gibt es das Fest Holi.
   Dieses bunte Fest macht Kindern viel Spaß.
   Suche darüber im Internet nach Informationen.
   Schreibe einen kurzen Text dazu.
   Ihr könnt zu zweit arbeiten.

3. Lest euch eure Texte vor und vergleicht sie.

4. Im Internet unter
   www.blinde-kuh.de findest du
   Informationen über Halloween.
   Stelle dieses Fest der Klasse vor.

• Gezielt Infomationen in Texten finden
• Informationen mit neuen Medien sammeln
▶ Förderheft: Seite 34
▶ Forderkartei: Nr. 65, 66
63

Frühling

Ein Aprilscherz
Tim kommt ganz betrübt nach Hause.
Er hat sein Matheheft hinter dem Rücken versteckt.
„Zeig mal, was du da hinter dem Rücken hast",
sagt die Mutter.
„Bitte, schimpf nicht!", bittet Tim weinerlich.
„Hast du eine schlechte Note geschrieben?"
„Ja, eine ganz schlechte Note."
Die Mutter schaut in das Heft
und ist überrascht.
Tim ruft: „April, April!"

1 Aprilscherze werden am 1. April gemacht. An diesem Tag
versucht man, seine Mitmenschen durch erfundene
oder verfälschte Geschichten oder Informationen hereinzulegen.
Lest den Text. Überlegt, was im Matheheft wirklich stehen könnte.

Feuerwehr rettet Eichhörnchen
Gestern hatte die Feuerwehr im Schummelweg
einen Rettungseinsatz. Ein Eichhörnchennest
mit drei kleinen Eiern war abgestürzt.
Nach dem Eintreffen der Feuerwehr wurde das Nest
mit der Feuerwehrleiter wieder im Baum befestigt.
Sofort setzte sich die aufgeregte Eichhörnchenmutter
wieder auf das Nest. Alle hoffen, dass die Eichhörn-
chenbabys in spätestens drei Wochen ausgeschlüpft
sein werden.

2 Hier ist einiges nicht richtig. Findet es heraus.

3 Schreibt auch eine Aprilscherz-Geschichte,
in der etwas nicht stimmt. Ihr könnt zu zweit arbeiten.

4 Sammelt die Aprilscherz-Geschichten.
Ihr könnt sie auch an einer Wandzeitung befestigen.

● Eigene Geschichten erfinden
● Schreibprodukte geordnet
  festhalten

▶ Schreib-Werkstatt:
Seite 135

▶ Förderheft: Seite 33

Zum Verschenken

Ein Herz aus Moos

Du brauchst:
- Karton
- Watte
- Moos
- Gold- oder Silberdraht
- Klebstoff
- evtl. Blüten

1. Schneide aus dem Karton ein Herz aus.
2. Klebe auf das Herz rundherum viel Watte.
3. Lege auf die Watte viel Moos und umwickle es kreuz und quer mit dem Draht.
4. Du kannst jetzt kleine Blüten in das Moosherz stecken. Falls notwendig, bohre eine Stecknadel von oben in die Blüte und stecke sie in das Herz.

Rosenbriefpapier

Sicher möchtest du deiner Mutter
auch etwas aufschreiben.
Dazu kannst du ein Rosenbriefpapier herstellen.

1. Lege einzelne, rote Rosenblütenblätter und grüne Rosenstielblätter jeweils zwischen zwei Lagen saugfähiges Papier. Beschwere dies mit Büchern und lasse es mindestens zwei Tage ruhen.
2. Ordne die getrockneten Blätter wie Rosenblüten oder Blumenranken auf einem schönen Bogen Briefpapier an und klebe sie vorsichtig fest.
3. Jetzt kannst du deine Glückwünsche oder ein Gedicht aufschreiben.

Sommer

Auf Rollen durch den Sommer
Erfunden wurde das
Rollschuhfahren in Amerika.
Es war kein Freizeitspaß für
Kinder, sondern ein Vergnügen
für Erwachsene. Sie zogen sich
elegante Kleider an
und wollten darin natürlich
nicht ins Schwitzen geraten.
Die Rollschuhe waren einfacher
gebaut als heute.

Sie bestanden aus einer Metallsohle mit vier Rädern, zwei vorn
und zwei hinten. Diese wurde mit einem Riemen unter die Schuhe
geschnallt. Da die Räder aus Eisen waren, machten sie viel Krach.

1. Lies den Text genau.
   - Wo wurde das Rollschuhfahren erfunden?
   - Für wen war das Rollschuhfahren ein Freizeitspaß?
   - Warum wollten die ersten Rollschuhfahrer
     nicht ins Schwitzen geraten?
   - Woraus bestanden
     die Rollschuhe?
   - Wie wurden sie
     an den Schuhen befestigt?
   - Woran lag es, dass die ersten Rollschuhe
     beim Fahren sehr viel Krach machten?

2. Was trägt der Junge zum Schutz
   beim Inlinerfahren?
   Schreibe einen kurzen Text.
   Auf dem Kopf trägt er …

3. Was machst du, um durch den Sommer zu rollen? Erzähle davon.

Helm

Handgelenk-
schützer

Ellenbogen-
schützer

Knie-
schützer

- Informationen einem Text
  entnehmen
- Einen kurzen Text schreiben

▶ Forderkartei: Nr. 63

Sommerferien

Stefan ist mit seinen Eltern in den Ferien nach Spanien
gefahren. Sie zelten am Meer auf einem Campingplatz.
Stefan hat schon einen Freund gefunden. Er heißt Pablo.
Manchmal versteht der eine nicht, was der andere sagt.
Dann machen sie Zeichen.

Stefan kann sich am Abend schon auf Spanisch verabschieden.
Und Pablo kann auch schon deutsch sprechen.
Stefan: ¡Buenas noches, Pablo! ¡Hasta mañana!
Pablo: „Gute Nacht, Stefan! Bis morgen!"

1 Was sagt Pablo? Besprecht das zu zweit.

2 Schreibt alle spanischen Wörter auf
und sucht die deutsche Übersetzung.

| Komm her! | Das Meer. | Ich heiße … |

| Gute Nacht! | Bis morgen! | Gehen wir an den Strand? |

3 Kennst du Ausdrücke aus einer anderen Sprache?
Schreibe sie auf und stelle sie den Kindern vor.

● Gemeinsamkeiten und Unterschiede von
Sprachen benennen
● Wörter aus anderen Sprachen entdecken
▶ Rechtschreib-
Werkstatt: Seite 95
▶ Förderheft: Seite 32
▶ Forderkartei:
Nr. 61, 62, 64
67

Herbst

(1) Schaut euch die beiden Bilder an. Beschreibt, was ihr seht.

(2) Viele Dichter haben über die zwei Seiten des Herbstes geschrieben.
Lies dir die folgenden Gedichtverse durch.
Welche Verse passen zu welchem Bild?
Passt ein Vers auch zu beiden Bildern?
- Die bunten Laubgardinen weh'n (Erich Kästner)
- Dem Grün, dem geht die Farbe aus (Miriam Frances)
- Graue Nebel wallen (Salis-Seewis)
- Die Straßen sind voll Blätterschnee (Miriam Frances)
- Man hört nur flüsternd die Blätter fallen (Joseph von Eichendorff)
- Bunt sind schon die Wälder (Salis-Seewis)
- Wie Honig fließt das Laub im Lichte (Karl Krolow)
- Mich fröstelt, wenn die Blätter fallen (Miriam Frances)
- Kühler weht der Wind (Salis-Seewis)
- Rote Blätter fallen (Salis-Seewis)

(3) Suche in Herbstgedichten weitere Gedichtverse,
die zu den Bildern passen.

(4) Stellt einige Gedichtverse zu einem Gedicht zusammen.

(5) Schreibe einen 5-Sätze-Text über einen Spaziergang durch den Wald.

- Bilder beschreiben
- Strukturen poetischer Texte kennenlernen

- Eine kleine Geschichte schreiben

Nebel – Wolken am Boden

Im Herbst gibt es viel Nebel, weil die Luft vom Sommer noch warm und feucht ist, die Nächte aber kälter werden und der Boden auskühlt. Warme Luft kann mehr Feuchtigkeit speichern als kalte.

Wenn die Luft über den ausgekühlten Boden streicht, kann sie die Feuchtigkeit nicht mehr halten. Es bilden sich viele winzige Wassertröpfchen, die in der Luft schweben. Nebel ist also nichts anderes als eine Wolke, die bis zum Boden reicht und unsere Sicht stark verringert. Im Straßenverkehr passieren bei Nebel immer wieder Unfälle, weil die Autofahrer nicht weit genug sehen können. Deshalb ist es ratsam, genau aufzupassen, wenn man über die Straße geht. Fußgänger und Radfahrer sollten im Herbst Kleidung mit leuchtenden Farben tragen.

1 Lest den Sachtext genau.

2 Schreibt die Fragen mit den richtigen Antworten ins Heft.
   • Wie kommt es, dass es vor allem im Herbst oft Nebel gibt?
   • Woraus besteht der Nebel?
   • Warum passieren bei Nebel so viele Unfälle?
   • Warum solltest du im Herbst als Fußgänger leuchtende Kleidung tragen?

Plötzlicher Nebel *Barbara Rhenius*

Es ist wie im Traum:
Dort drüben der Baum –
hat sich versteckt –
ist bis oben hin zugedeckt –
es ist, als wär' alles versunken –
alles – alles ertrunken.
Nebelsuppe um dich her –
und du siehst –
fast gar nichts mehr.

3 Worin besteht eigentlich der Unterschied zwischen dem Sachtext oben und diesem Nebelgedicht?

Winter

„Frohes neues Jahr!" in anderen Sprachen

新年快樂

(Xin Nian Kuai Re!)

Prosit Neujahr!

Bonne année!

Godt nytår!

Happy new year!

Mutlu yillar!

1 Lest „Frohes neues Jahr!" in allen Übersetzungen.

2 Findet heraus, in welchen Ländern man sich so ein frohes neues Jahr wünscht. Die Flaggen der Länder können euch dabei helfen.

3 Schreibt nun „Frohes neues Jahr!" in diesen Übersetzungen ab.

4 Erzähle, wie du Silvester und das neue Jahr feierst.

Nan Ying aus China erzählt
Wir feiern erst zwischen dem 20. Januar und dem 20. Februar Neujahr. Die Häuser schmücken wir mit roter Farbe.
Außerdem gibt es ein großes Feuerwerk.
Das soll die bösen Geister vertreiben.

Rosanna aus Spanien erzählt
Bei jedem Glockenschlag um Mitternacht essen wir eine Weintraube. Für jede Weintraube können wir uns etwas wünschen. Das ist ganz schön anstrengend, weil man immer so schnell essen muss.

5 Lest euch diese Texte genau durch.
• Wann ist Neujahr in China?
• Welche Bedeutung hat das Feuerwerk?
• Mit welcher Farbe schmücken die Chinesen ihre Häuser?
• Was isst Rosanna um Mitternacht?

• Sich mit unterschiedlichen Sprachen beschäftigen
• Gezielt Informationen in Texten finden

▶ Rechtschreib-Werkstatt: Seite 95

Schneeflocken

Schneeflocken …
sind wie Kristalle,
sind wie kleine Sterne,
sind wie …

1 Schreibe die Sätze in dein Heft und vervollständige sie.
Schreibe auch noch eigene Sätze dazu.
Schneeflocken sind wie Kristalle,
Schneeflocken sind …

2 Male neben deinen Text Schneeflocken.

3 Du kannst Schneeflocken auch basteln. So wird es gemacht:
a. Zeichne auf ein Blatt Papier einen Kreis und schneide ihn aus.
b. Falte den Kreis in der Mitte.
c. Falte den Halbkreis in drei gleichgroße Drittel
und streiche die Kanten glatt.
d. Zeichne Äste wie im Beispiel auf.
e. Schneide nun an deiner Markierung entlang.
f. Falte die Schneeflocke dann auseinander.

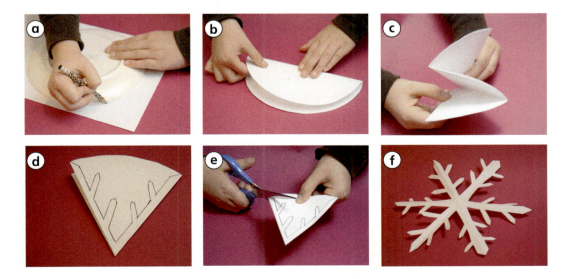

Lern-Werkstatt

Hausaufgaben notieren und erledigen

Die Hausaufgaben, die die Kinder der Klasse 4b
für Mittwoch erledigen sollen, stehen an der Tafel.

Hausaufgaben

Di 09.02.2012

— SB S.64 Nr.1 und 2

— LB S.110

— MB S.35 Nr.1

Tipps: Hausaufgaben notieren
- Aufgabenheft herausholen
- Datum notieren
- Hausaufgaben von der Tafel abschreiben
- Bücher und Hefte für die Hausaufgaben einpacken

Tipps: Hausaufgaben erledigen
- rechtzeitig mit den Hausaufgaben beginnen
- ruhigen Arbeitsplatz suchen
- Hefte und Stifte bereitlegen
- ins Aufgabenheft schauen
- überlegen, mit welcher Aufgabe begonnen werden soll
- alle Aufgaben bis zum Ende durchführen
- nicht ablenken lassen
- zum Schluss kontrollieren, ob alles erledigt ist

1. Welche Absprachen
gibt es in deiner Klasse
zum Notieren der Hausaufgaben?

2. Lies dir die Tipps durch.

3. Welchen Tipp findest du besonders wichtig?

4. Schreibe auf, wie du zu Hause deine Aufgaben erledigst.

5. Was machst du, wenn du bei der Hausaufgabe Hilfe brauchst?
Schreibe es in dein Heft.

- Planvolles Üben lernen
- Eigenes Arbeitsverhalten reflektieren
- Etwas schriftlich begründen

▶ Arbeitsheft: Seite 10
▶ Förderheft: Seite 36
▶ Forderkartei: Nr. 69, 70

Einen Text berichtigen

Philipp hat eine Geschichte geschrieben.
Im Text sind die falsch geschriebenen Wörter markiert.

Gewitter

Tina liegt im Bet.

Sie hat gerade das Licht ausgemacht.

Draußen regnet es.

Tina hört es gern, wenn der Regen gegen die Fensterscheibe tromelt.

Da blitzt es auf einmal und kracht laut.

Tina kriekt *einen Schreck. Hat es* vieleicht *irgendwo eingeschlagen?*

Sie sprinkt *auf und schaut aus dem Fenster.* es *ist wieder alles ruhig,*

nur der Regen praselt *auf die* Strase.

Zum Klück *ist nichts passiert.*

Tina krabbelt wieder in ihr Bett

und ziet *sich die Bettdecke* uber *den Kopf.*

1 Lies dir den Text durch.

2 Schreibe die falsch geschriebenen Wörter richtig auf
und erkläre die richtige Schreibweise.
- *Ich weiß zu dem Wort eine Regel.*
  Die Regel heißt: ...
- *Ich muss in der Wörterliste oder dem Wörterbuch nachschlagen.*
- *Das ist ein Lernwort. Das kann ich.*

3 Überprüfe die richtige Schreibweise mit der Wörterliste.

4 Schreibe den berichtigten Text fehlerfrei ab.

- Wörter berichtigen
- Methodisch sinnvoll und korrekt abschreiben

▶ Wörterliste: Seite 136–151

▶ Arbeitsheft: Seite 11
▶ Förderheft: Seite 37
▶ Forderkartei: Nr. 71, 72

73

Wörter üben

Es gibt viele verschiedene Möglichkeiten,
wie du Wörter üben kannst.

Welche Übung
passt zu
den Wörtern?

a. Bilde mit einigen Wörtern Sätze.

b. Lass dir einige Wörter von einem anderen Kind diktieren.

c. Schreibe die Wörter in Druckschrift ab.

d. Ordne die Nomen nach Oberbegriffen wie im Beispiel.
Tiere: ...   Pflanzen: ...

Wie viel Zeit
brauche ich
für die Übung?

e. Schreibe die Wörter auf Zettel. Ordne sie nach dem Alphabet.

f. Schreibe die Wörter nach der Anzahl ihrer Silben auf.

g. Schreibe die Nomen in der Einzahl und Mehrzahl auf.

h. Schreibe zu einigen Wörtern verwandte Wörter auf:
Biene, Bienenstich, Bienenkönigin, ...

i. Schreibe Wörter mit bestimmten Merkmalen auf:
– Wörter mit ö, ä, ü: ...   – mit doppeltem Mitlaut: ...   – mit ck: ...

j. Bilde mit den Verben in der gebeugten Form mit **er**
das Präsens, Präteritum und Perfekt:
summen – er summt, er summte, er hat gesummt, ...

k. Schreibe einige Wörter ab. Kennzeichne
den Wortstamm und die Wortbausteine.

flieg / en   ver \ blüh / en

(1) Suche dir aus jedem Kasten eine Übung aus und übe diese Wörter.

Gänseblümchen   Biene   Mohn   Rotklee   Regenwurm   Maus
Spinne   Löwenzahn   fliegen   verblühen   kriechen   summen
wachsen   Distel   Maulwurf   Schnecke   Vogel   krabbeln

74
● Wörter ordnen
● Übungsformen selbstständig nutzen
● Arbeit mit der Wortfamilie

▶ Übungskiste: Seite 18, 26, 34, 44, 52, 60
▶ Rechtschreib-Werkstatt: Seite 79, 80,
82, 88, 92

▶ Arbeitsheft:
Seite 17, 19,
23, 26

Mit der Wörterliste arbeiten

Die Wörterliste beginnt auf Seite 136.

1 Die zusammengesetzten Adjektive findest du nicht in der Wörterliste.
Du musst die einzelnen Wortteile suchen.
Schreibe die Seitenzahl dazu:
himmelblau: der Himmel, Seite 141 – blau, Seite 137, …

> himmelblau kerngesund feuerrot wunderschön
> bärenstark stundenlang grasgrün mausgrau
> zitronengelb riesengroß hundemüde

2 In der Wörterliste stehen die Verben in der Grundform.
Die gebeugten Formen des Verbs stehen dahinter:
helfen *– hilft, half, geholfen, …*
Suche die Grundform dieser Verben in der Wörterliste.
Schreibe so: *trafen – treffen, Seite 149, …*

> trafen wusch gestohlen flog stach schloss
> hilft nahm mit ließen gesungen gekrochen fiel hin

3 Wie werden diese Wörter geschrieben?
Schreibe deine Lösungen auf und vergleiche sie mit der Wörterliste.
Berichtige, wenn du ein Wort falsch geschrieben hast.
Schreibe: *Hexe – Seite 141, …*

chs oder x	ie oder i	f oder pf	e oder ä
He?e	w?r	?anne	?rmer
wa?en	v?r	?ote	s?lten
bo?en	sch?f	?loh	?rgern

4 Wie werden diese Wörter getrennt?
Probiere es selbst aus und vergleiche mit der Wörterliste.

> Dienstag Lehrerin wachsen hinaus Entschuldigung

● Arbeit mit
der Wörterliste

▶ Ich und die anderen: Seite 18
▶ Von Rittern und Burgen: Seite 52
▶ Wörterliste: Seite 136–151

▶ Arbeitsheft:
Seite 13, 27
▶ Forderkartei: Nr. 73, 74

75

Informationen sammeln und präsentieren

Jarek hat sich für seinen Vortrag
ein Thema ausgesucht.
Erste Informationen über sein Thema
findet er in einem Lexikon
und in Sachbüchern.

1 Wo findet ihr noch mehr Informationen für einen Vortrag?
Sprecht darüber.

Jarek nutzt für seinen Vortrag noch weitere Medien:

- Bilder/Fotos
- Steckbrief
- Zeitungsartikel
- Tabellen/Diagramme
- eigene Bilder

- Bücher
- Landkarten
- Prospekte
- Internet-Text
- eigene Texte

Damit sein Vortrag besonders anschaulich wird,
gestaltet Jarek ein Plakat.

Tipps: Plakat gestalten
- nur das Wichtigste heraussuchen
- alles übersichtlich anordnen
- große Überschriften benutzen
- große farbige Bilder nehmen
- wenig Text einsetzen
- deutlich in Druckschrift schreiben

Mithilfe von Stichwortkarten
und mit dem Plakat hält Jarek
dann seinen Vortrag.

2 Sammle zu einem Thema Informationen
und präsentiere sie wie Jarek.
Frage die anderen Kinder anschließend,
was ihnen gut und was ihnen nicht so gut gefallen hat.

76

- Informationen auswählen
- Ein Lernplakat erstellen
- Lernergebnisse vorstellen

▶ Tiere im Wasser: Seite 21, 24
▶ Von Rittern und Burgen: Seite 48, 49

▶ Forderkartei: Nr. 77, 78

Was kann ich nun?

Teste dich doch einmal selbst! Schreibe die Antworten auf.
Schau dann hinten nach, ob du alles richtig gemacht hast.

1 Welche Tipps beachtest du, wenn du deine Hausaufgaben
erledigst? Schreibe sie in dein Heft.

2 In dem Text sind einige Wörter falsch geschrieben.
Schreibe die Wörter richtig auf und erkläre die richtige Schreibweise.

Der Blumenstrauß
Kai und Nicole wollen für ihre Mutter blumen kaufen.
Besonders gut gefellt ihnen der Sommerstrauß.
die Blumen sind so schön bund.
Der Verkäufer Wickelt die Blumen ein.
Ihre Muter wird sich freuen.

3 Die folgenden zusammengesetzten Wörter
findest du nicht in der Wörterliste.
Suche die Wortteile in der Wörterliste.
Schreibe sie mit der Seitenzahl auf.

schneeweiß   zuckersüß   kugelrund   messerscharf

4 Die Verbform **half** findest du nicht in der Wörterliste.
Was machst du, um das Wort nachzuschlagen?
Schreibe in dein Heft, wie du vorgehst.

5 Welche Tipps beachtest du, wenn du für deinen Vortrag
ein Plakat gestalten möchtest? Schreibe sie in dein Heft.

nur das Wichtigste heraussuchen

möglichst viel Text einsetzen   kleine Überschriften benutzen

alles übersichtlich anordnen

Rechtschreib-Werkstatt

Langer Selbstlaut – kurzer Selbstlaut

Ein Wort wie **tra-ben** besteht aus zwei Silben.
Die erste Silbe endet mit einem **langen a**.
Der Mund bleibt beim Sprechen für einen Augenblick offen.
Man nennt sie deswegen eine **offene Silbe**.

Ein Wort wie **krab-beln** besteht auch aus zwei Silben.
Die erste Silbe hat ein **kurzes a**,
das man nicht so deutlich hört wie in traben.
Die Silbe endet mit einem b und der Mund ist dabei geschlossen.
Man nennt diese Silbe deswegen eine **geschlossene Silbe**.

(1) Sprich die Wörter deutlich aus
und stelle sie zu Reimpaaren zusammen.
Schreibe sie mit Trennstrichen auf: *Ga-bel – Schna-bel, ...*

> Gabel grabbeln graben schaffen Hafen knabbern
> krabbeln schlabbern schlafen Schnabel Affen haben
> rufen knuffen verdoppeln proben Stufen loben
> hoppeln offen hobeln puffen getroffen knobeln

(2) Diktiert euch die Wörter gegenseitig.
Sprecht die Wörter dabei so aus, dass man hören kann,
ob die erste Silbe offen oder geschlossen ist.
Wer diktiert, kontrolliert, ob der andere richtig schreibt.

● Rechtschreibstrategien anwenden: Mitsprechen
● Silbenprinzip wiederholen
● Lang und kurz gesprochene Selbstlaute unterscheiden
● Partnerdiktat

▶ Arbeitsheft: Seite 14, 15

Wörter mit doppelten Mitlauten

> Wenn du nach einem **kurzen Selbstlaut** nur einen Mitlaut hörst, wird er beim Schreiben **verdoppelt**: *fallen, immer, Kanne.*

1 Schreibe die Nomen in der Einzahl und dann in der Mehrzahl mit Trennstrichen auf: *Affe – Af-fen, ...*

Wörter mit ...

ff:	ll:	mm:	nn:	tt:
Affe	Brille	Kamm	Mann	Bett
treffen	sollen	stimmen	können	retten
offen	schnell	dumm	dünn	nett
Schiff	Stelle	Hummel	Tonne	Blatt
hoffen	bellen	summen	rennen	betteln
getroffen	toll	stumm	sonnig	kaputt

2 Schreibe die Verben mit Trennstrichen auf: *tref-fen, ...*

3 Schreibe Sätze auf, in denen die Verben in der gebeugten Form mit **du, er** oder **es** vorkommen. Der doppelte Mitlaut bleibt erhalten: *Er trifft sich heute mit seinem Freund.*

4 Denke dir zu den Adjektiven ein passendes Nomen aus und schreibe wie im Beispiel: *das offene Fenster, ...*

5 Sucht gemeinsam in der Wörterliste weitere Wörter mit **ff, ll, mm, nn** und **tt**. Schreibt sie geordnet auf.

6 Übt die Wörter, die ihr gefunden habt, wie in Aufgabe 1 bis 4 oder mit Übungen von Seite 74.

7 Sucht und übt auch Wörter mit **bb, dd, gg, pp** oder **rr**.

Wortfamilien mit einfachen und doppelten Mitlauten

> Ein **doppelter Mitlaut** bleibt in den meisten Wörtern einer Wortfamilie erhalten: *treffen, sie trifft, sie hat getroffen.* Wenn aber in einem Wort ein **langer Selbstlaut** vorkommt, steht dort nur **ein Mitlaut**: *sie traf.*

(1) Lest euch diese Wörter gemeinsam durch.
Ist der markierte Selbstlaut lang oder kurz?

> treffen   kommen   fallen   bitten   sie bittet   er fällt   sie trifft
> es kommt   er kam   sie bat   er traf   es fiel   er ist gefallen
> sie hat getroffen   er hat gebeten   sie ist gekommen

(2) Schreibe die Wörter geordnet nach Wortfamilien auf:
treffen – sie trifft, er traf, sie hat getroffen
kommen – ...

(3) Markiere die kurzen Selbstlaute mit einem Punkt: *treffen, ...*

> Manchmal hat ein Wort in der **Grundform** keinen **doppelten Mitlaut,** aber ein anderes Wort aus der **Wortfamilie** schon, weil es einen **kurzen Selbstlaut** hat: *ich reite, aber: ich ritt.*

(4) Übe auch diese Wörter wie in den Aufgaben 1, 2 und 3.

> reiten   streiten   kneifen   pfeifen   er kneift   sie reitet
> du pfeifst   sie streitet   er stritt   sie pfiff   er ritt   sie kniff
> sie hat gepfiffen   er hat gekniffen   sie hat gestritten
> sie ist geritten

(5) Bilde mit einigen Verben aus den Kästen Sätze.

- Lang und kurz gesprochene Selbstlaute unterscheiden
- Wortfamilien bilden
- Rechtschreibstrategien anwenden

▶ Arbeitsheft: Seite 17
▶ Förderheft: Seite 40
▶ Forderkartei: Nr. 79

Wörter mit ss und ß

Für Wörter mit **ss** oder **ß** gilt:
Auf einen **kurzen Selbstlaut** folgt **ss** und auf einen
langen Selbstlaut folgt **ß**. Auch bei **ei** und **ie** folgt **ß**.
So werden manchmal die einen Wörter einer Wortfamilie
mit **ss** und andere mit **ß** geschrieben:
essen, er isst, er hat gegessen – aber: er aß.

1 Lest euch diese Wörter gemeinsam durch.
Achtet dabei besonders auf die langen und kurzen Selbstlaute.

wissen	er weiß	er wusste	er hat gewusst
lassen	er lässt	er ließ	er hat gelassen
gießen	er gießt	er goss	er hat gegossen
reißen	er reißt	er riss	er hat gerissen

2 Schreibe die Wörter geordnet auf:
Verbformen mit **ss**: *wissen, …*
Verbformen mit **ß**: *er weiß, …*

3 Diese Wörter gehören zu vier verschiedenen Wortfamilien.
Stelle sie in einer Tabelle in deinem Heft zusammen.

beißen   das Essen   der Bissen   es fließt   schließen
der Schluss   essen   das Gebiss   er schließt   flüssig
fließen   es beißt   sie isst   der Fluss   das Schloss   wir aßen
der Abfluss   der Esslöffel   verschlossen   ein bisschen

beißen	essen	fließen	schließen
der Bissen	…	…	…

4 Schreibe auch zu diesen Verben Wörter aus der Wortfamilie auf.

vergessen   fressen   messen   schießen   genießen

Wörter mit k und ck

1 Schreibe diese Wörter ab und unterstreiche immer den Buchstaben, der vor dem **k** steht. Welche Buchstaben sind es?

> Schrank   Wolke   Maske   Gurke   stark   trinken   welken

2 Schreibe diese Wörter ab und unterstreiche immer den Buchstaben, der vor dem **ck** steht. Welche Buchstaben sind es?

> Ruck   Schreck   Stock   zwicken   packen

3 Wenn du Aufgabe 1 und 2 bearbeitet hast, dann kannst du die beiden Merksätze sicherlich vollständig in dein Heft schreiben.
Setze ein: **einem kurzen Selbstlaut**   **einem Mitlaut**

> Nach ⬚?⬚ steht nur ein **k**:
> in *Wolke* und in *Bank*, in *Gurke* und in *Schrank*.
> Ein **ck** steht nur nach ⬚?⬚ :
> in *packen, lecken, jucken,* in *zwicken, locken, spucken.*

4 Stelle die Wörter mit **k** zu Reimpaaren zusammen:
Bank – Schrank, …

> Bank   winken   danken   Schrank   trinken   zanken
> Quark   melken   krank   Park   welken   schlank

5 Stelle die Wörter mit **ck** zu Reimpaaren zusammen:
Backe – Jacke, …

> Backe   jucken   Mücke   Jacke   zwicken   Rock   Lücke
> gucken   nicken   Stock   lecken   trocken   Trick   Glück
> Ecke   necken   erschrocken   Decke   Strick   Stück

6 Schreibe noch weitere Wörter mit **ck** auf.
Kontrolliere mit der Wörterliste oder dem Wörterbuch.

Wörter mit z und tz

1 Schreibe diese Wörter ab und unterstreiche immer den Buchstaben, der vor dem **z** steht. Welche Buchstaben sind es?

> Tanz Salz Schmerz krächzen seufzen

2 Schreibe diese Wörter ab und unterstreiche immer den Buchstaben, der vor dem **tz** steht. Welche Buchstaben sind es?

> Schutz Platz flitzen petzen trotzig

3 Wenn du Aufgabe 1 und 2 bearbeitet hast, dann kannst du die zwei Merksätze sicherlich vollständig in dein Heft schreiben.
Setze ein: **einem kurzen Selbstlaut** **einem Mitlaut**

> Nach ___?___ steht nur ein **z**:
> in *tanzen* und in *Holz*, in *Wurzel* und in *Stolz*.
> Ein **tz** steht nur nach ___?___ :
> in *putzen* und *spritzig*, in *kratzen* und *witzig*.

4 Stelle die Wörter mit **z** zu Reimpaaren zusammen:
Herz – Schmerz, …

> Herz tanzen Schmerz ganz pflanzen Schwanz
> Pfefferminz Holz Prinz kurz stolz Sturz

5 Stelle die Wörter mit **tz** zu Reimpaaren zusammen: *Schatz – Platz, …*

> Schatz sitzen Katze setzen Platz flitzen petzen Tatze
> trotz nutzen Spitze Klotz kratzen putzen Hitze schwatzen

6 Werden diese Wörter mit **z** oder **tz** geschrieben?
Kontrolliert mit der Wörterliste.

> hei?en Gei? rei?en Schnau?e Kreu? Wei?en

● Kurze und lange
  Selbstlaute unterscheiden
● Merksätze vervollständigen
▶ Wörterliste: Seite 136–151
▶ Arbeitsheft: Seite 20
▶ Forderkartei: Nr. 80

83

Wörter mit und ohne Dehnungs-h

1 Schreibe diese Wörter ab.
Unterstreiche den Buchstaben nach dem **h**: *zäh<u>m</u>en*, ...

> zähmen   Fühler   Rahmen   Wahl   Zahn   wehren   Huhn   Ohr

2 Ergänze nun die Regel und schreibe sie in dein Heft.

> In manchen Wörtern mit einem **langen Selbstlaut**
> steht ein **Dehnungs-h.**
> Dieses **h** kann aber nur vor den **vier Mitlauten** ?, ?, ?, ? stehen.
> Ein Dehnungs-**h** kann man beim Sprechen nicht hören.

3 Suche in der Wörterliste noch weitere Wörter mit **Dehnungs-h.**

hl	hm	hn	hr
kühl	zahm	ohne	mehr
...	...	...	...

4 Schreibe auch diese Wörter ab.
Unterstreiche die Buchstaben am Wortanfang: *<u>sch</u>ämen, <u>T</u>ür*, ...

> schämen   Tal   schälen   Tor   Schwan   tun   schwer   Tür

5 Ergänze nun die Regel und schreibe sie in dein Heft.

> Manche Wörter mit **l, m, n, r** haben aber **kein Dehnungs-h.**
> Beginnt ein Wort mit einem ? oder mit einem ?,
> dann wird es ohne Dehnungs-**h** geschrieben.

6 Jeweils ein Wort enthält ein **Dehnungs-h.** Schreibe alle Wörter auf.

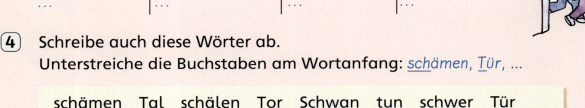

> Scha?l – Za?l   me?r – schwe?r   Tö?ne – Sö?ne
> Fü?ler – Schü?ler   Trä?ne – Zä?ne   kü?l – schwü?l

- Rechtschreibstrategien entwickeln
- Merksätze vervollständigen
▶ Wörterliste: Seite 136–151
▶ Arbeitsheft: Seite 21
▶ Forderkartei: Nr. 81

Forscheraufgabe

Hier findet ihr die Forscheraufgabe für Seite 86.

Wörter mit silbentrennendem h

1 Schreibt diese Wörter untereinander auf.

> sehen   drohen   Reihe   fliehen   gehen
> Ruhe   frohe   muhen   Ehe   Schuhe

2 Unterstreicht die Buchstaben **vor** und **nach** dem **h**.

3 Wie werden diese Buchstaben genannt,
die nun unterstrichen sind?

4 Schreibt die Wörter nun noch einmal mit Trennstrichen
neben die Wörter von Aufgabe 1 auf.

5 Was fällt euch auf, wenn ihr die hinteren Silben betrachtet?

6 Komische Wörter!
Schreibt die Wörter nun ohne **h**, also fehlerhaft, auf.
Sprecht sie dann einmal aus und beschreibt, wie das klingt.

7 Überlegt euch eine Regel:
Warum steht in diesen Wörtern ein **h**?
Das kann euch dabei helfen:
Wenn zwei Selbstlaute aufeinandertreffen …
Die zweite Silbe …

8 Sucht noch weitere Wörter, die ein solches **h** enthalten.
Kontrolliert mit der Wörterliste oder dem Wörterbuch.

Wörter mit silbentrennendem h

Bevor ihr hier arbeitet, löst die Forscheraufgabe auf Seite 85.

> Wenn bei **zwei Silben zwei Selbstlaute** aufeinandertreffen,
> dann setzt man meistens ein **h** dazwischen: *blü-hen.*
> Dieses **h** kann man beim deutlichen Sprechen hören.
> Es bleibt bei anderen Formen der Wörter erhalten: *sie blüht.*

1. Stelle die Verben zu Reimpaaren zusammen.
   Schreibe sie mit Trennstrichen auf: *blü-hen – glü-hen, ...*

   blühen   sehen   ziehen   gehen   glühen   nähen
   fliehen   krähen   stehen   ruhen   muhen   wehen

2. Bilde mit den Verben kurze Sätze in der Einzahl, zum Beispiel:
   blühen: Die Blume blüht.

3. Stelle die Wörter zu zweit oder zu dritt zu Reimen zusammen.
   Schreibe sie mit Trennstrichen auf: *Nä-he – Krä-he, ...*

   Nähe   Rehe   Schuhe   Krähe   Mühe   Truhe   Ehe
   Zehe   Ruhe   Kühe   frohe   Flöhe   Höhe   rohe

4. Zu einigen der Wörter kann man eine kürzere Form bilden.
   Schreibe so: *Nähe – nah, Rehe – Reh, ...*

5. Schreibe die im Text unterstrichenen Verben so auf: *sieht – sehen, ...*

   Auf dem Dorf
   Juri <u>sieht</u> aus dem Fenster. Der Apfelbaum <u>blüht</u>. Juri <u>zieht</u>
   seine Schuhe an und <u>geht</u> hinaus. Die Sonne <u>glüht</u> am Himmel.
   Juri <u>steht</u> im Schatten des Apfelbaums. Eine Krähe <u>kräht</u> ganz
   in der Nähe. Juri legt sich unter den Baum und <u>ruht</u> sich aus.

6. Ihr könnt euch den Text diktieren oder ihn abschreiben.

● Rechtschreibstrategien
anwenden
● Partnerdiktat

► Arbeitsheft: Seite 22
► Forderkartei: Nr. 82

Was kann ich nun?

Teste dich doch einmal selbst! Schreibe die Antworten auf.
Schau dann hinten nach, ob du alles richtig gemacht hast.

1 Verändere die Verben und schreibe die Sätze im Perfekt auf:
  a. *Der Vogel pfeift. – Der Vogel hat* ? .
  b. *Die Kinder streiten sich. – Die Kinder haben sich* ? .

2 Welche Wörter schreibt man mit **ss,** welche mit **ß?**
Schreibe sie richtig auf.

> die Ta ? e   ich wei ?   ich wu ? te   sie lä ? t   sie lie ?
> geschlo ? en   abbei ? en   die Flü ? igkeit   sie a ?

3 Welche Wörter schreibt man mit **k,** welche mit **ck?**
Schreibe sie richtig auf.

> die Brü ? e   dun ? el   die Glo ? e   wir ? lich   zurü ?

4 Warum wird **kratzen** mit **tz** geschrieben?
  a. Weil Verben immer mit **tz** und nicht mit **z** geschrieben werden.
  b. Weil vor dem **tz** ein kurzer Selbstlaut steht.

5 Welche Wörter schreibt man mit **z,** welche mit **tz?**
Schreibe sie richtig auf.

> die Gren ? e   der Pel ?   plö ? lich   die Gla ? e   schwar ?

6 Welche Wörter schreibt man mit einem **Dehnungs-h?**
Schreibe sie richtig auf.

> der Schü ? ler   o ? ne   die Scha ? le   die Tü ? r   kü ? l

7 Schreibe die Bildwörter auf.

Wörter mit ä und äu

> Die meisten Wörter, die mit **ä** oder **äu** geschrieben werden,
> stammen von Wörtern mit **a** oder **au** ab:
> *der Gärtner – der Garten, er läuft – laufen.*

Fleißige Gärtner

Mutter schneidet die Äste der Sträucher und Bäume.
Vater räumt das Gartenhäuschen auf.
Pia wässert die ersten Kräuter und jungen Pflänzchen.
Peter sammelt die letzten welken Blätter auf.
Nur das Kätzchen schläft faul in der Sonne
und träumt von der Mäusejagd.

(1) Schreibe zu allen Wörtern mit **ä** und **äu** eine verwandte Form
mit **a** und **au** in dein Heft: *Gärtner – Garten, ...*

(2) Diktiert euch den Text gegenseitig oder schreibt ihn ab.

(3) Sechs Wörter im Kasten werden mit **ä** und sechs mit **e** geschrieben.
Suche auch zu jedem Wort mit **ä** eine verwandte Form mit **a**.
Schreibe so: *Berge, ...*   *Zähne – Zahn, ...*

> B[?]rge   Z[?]hne   Zw[?]rge   H[?]rbst   H[?]nde   W[?]lder
> Schw[?]mme   F[?]ld   K[?]lte   W[?]lt   Z[?]lt   D[?]cher

(4) Zu manchen Wörtern mit **ä** findest du nur schwer ein Wort mit **a**.
Suche alle folgenden Wörter in der Wörterliste und schreibe sie auf.
Drei Wörter werden mit **e** geschrieben!

> Gesch[?]ft   [?]rgern   d[?]mlich   Qu[?]lle   Gedr[?]ngel   Gel[?]nder
> H[?]nkel   K[?]fer   kl[?]ffen   kr[?]chzen   pl[?]rren   s[?]lten

(5) Schreibe weitere Wörter mit **ä** oder **äu** auf.
Schreibe eine verwandte Form mit **a** oder **au** dazu.

88
• Wörter mit Umlauten schreiben
• Rechtschreibstrategien entwickeln
• Arbeit mit der Wörterliste

▶ Wörterliste:
Seite 136–151

▶ Arbeitsheft: Seite 23
▶ Förderheft: Seite 41
▶ Forderkartei: Nr. 85

Forscheraufgabe

Hier findet ihr die Forscheraufgabe für Seite 90.

Wörter mit s

Den Buchstaben **s** kann man auf zweierlei Weise sprechen:
Das **s** im Wort **Sonne** ist **stimmhaft**.
Das **s** im Wort **Ostern** ist **stimmlos**.

1. Sprecht die beiden Wörter **Sonne** und **Ostern** aus.
Haltet euch dabei die Ohren zu.
Beschreibt, wie sich die **s-Laute** anfühlen.

2. Sprecht euch nun die Wörter **reisen** und **reißen** vor.
Was klingt anders?

3. Sprecht nun die Wörter **reist** und **reißt**.
Was fällt euch jetzt auf?

4. Sprecht diese Bildwörter erst in der Einzahl
und dann in der Mehrzahl deutlich aus.
Achtet dabei vor allem auf die **s-Laute**.

5. Schreibt eine Regel auf, die euch hilft,
die Bildwörter am Wortende richtig zu schreiben.

6. Schreibe die Bildwörter von Aufgabe 4 auf.

Wörter mit s

Bevor ihr hier arbeitet, löst die Forscheraufgabe auf Seite 89.

> Manchmal hören sich **s** und **ß** gleich an:
> *Glas – Spaß, er niest – es fließt.*
> Wenn man die Wörter **verlängert**, kann man hören, ob man sie
> mit **s** oder **ß** schreibt: *Gläser – Späße, niesen – fließen.*

1 Welche Wörter schreibt man mit **s**, welche mit **ß**?
Schreibe sie mit einer verlängerten Form auf: *Gruß – grüßen, …*

Gru❓ Prei❓ Auswei❓ gro❓ Gra❓ sü❓ Sto❓ fie❓
blo❓ nervö❓ Strau❓ harmlo❓ Flei❓ Ei❓ Gefä❓

2 Verlängere die Verben und schreibe sie in der gebeugten Form
und in der Grundform auf: *es bläst – blasen, …*

es bläst sie reist er liest sie rast er niest du grinst
es grast er beweist sie bremst es braust sie saust

3 Schreibe mit Wörtern von Aufgabe 1 und 2 Sätze auf.

4 Schreibe diese Sätze in der Einzahl auf: *Das Kind liest, der …*

Die Kinder lesen, die Kranken niesen.
Die Autos rasen, die Pferde grasen.
Die Omas gern ein Rätsel lösen, die Katzen in der Sonne dösen.
Kinder im Sommer verreisen und am Strand ein Eis verspeisen.

5 Dies sind Wörter mit **s**, die du dir merken musst.
Suche dir von Seite 74 verschiedene Übungsmöglichkeiten aus.

nichts rechts links was aus bis etwas selbst
besonders wenigstens meistens niemals gestern sonst

- Rechtschreibstrategien anwenden
- Stimmhafte und stimmlose
  Mitlaute unterscheiden

► Lern-Werkstatt: Seite 74

► Arbeitsheft: Seite 24
► Förderheft: Seite 42
► Forderkartei: Nr. 83, 84

Wörter mit b, d, g

> Manchmal hören sich **b, d, g** wie **p, t, k** an:
> *Dieb, Bad, schräg, er liebt, sie sagt.*
> Wenn man die Wörter **verlängert**, kann man **b, d, g**
> deutlich hören: *Diebe, Bäder, schräge, lieben, sagen.*

1 Schreibe die Nomen in einer verlängerten Form auf:
Zug – Züge, …

Zug Dieb Bad Hand Bild Kind Wald Rad
Freund Pferd Wand Schild Berg
Herd Zwerg Mund Geld Hemd Burg Feld Sieb

2 Denke dir zu den Adjektiven passende Nomen aus
und schreibe so: *die blonden Haare, …*

blond gelb gesund halb rund wild lieb
grob wütend spannend schräg taub klug blind

3 Schreibe die Verben in der gebeugten Form
und der Grundform auf: *raubt – rauben, …*

raubt singt liegt fängt schreibt sagt tobt trägt
biegt lügt hebt springt klingt bleibt fragt lobt

4 Bilde mit den Verben kurze Sätze, zum Beispiel:
Das Kind singt im Bad.

5 Suche dir aus jedem Kasten einige Wörter aus
und schreibe damit einen Text.

6 Schreibe zu den Wörtern Wortfamilien auf:
glauben, er glaubt, unglaublich, der Glaube, …

glauben graben
Land lieb Flug

Wortbildung: Wortmuster

> Wörter einer **Wortfamilie** haben denselben **Wortstamm.**
> Viele **Wortstämme** und **Wortbausteine**
> (Vorsilben und Endungen) kommen in unserer Sprache
> häufig vor. Oft kann man Wörter leichter schreiben,
> wenn man sie in ihre einzelnen Teile zerlegen kann.

(1) Benennt bei diesem Wort einmal **Vorsilbe, Wortstamm** und **Endung.**

Ver   käuf   er   Vorsilbe   Wortstamm   Endung

(2) Schreibe die anderen Wörter mit dem Wortstamm **kauf/käuf** ab und kennzeichne sie wie in Aufgabe 1.

kaufen   einkaufen   gekauft   Kaufhaus   kaufte

(3) Schreibe zu diesen Wörtern Wortfamilien auf.
Kennzeichne die einzelnen Wortteile.

Spiel   Freund   Schreck   lieb   Zahl

(4) Schreibe diese Wörter ab und kennzeichne die Wortteile.

Baum   verbieten   freundlich   Ergebnis   Fußball

(5) Suche in der Wörterliste Wörter, die zu diesen Mustern passen.

a. ◻◸   b. ◺◻◸   c. ◻◻   d. ◻◺◸   e. ◻

● Arbeit mit der Wortfamilie
● Arbeit mit der Wörterliste
● Wortteile kennzeichnen
▶ Lern-Werkstatt: Seite 74
▶ Sprach-Werkstatt: Seite 103
▶ Wörterliste: Seite 136-151
▶ Arbeitsheft: Seite 26

Wortbildung: ein oder zwei Mitlaute?

> Bei zusammengesetzten Wörtern muss man aufpassen,
> wenn **zwei gleiche Buchstaben aufeinandertreffen,**
> denn man muss dann auch beide Buchstaben schreiben:
> *an-nehmen – annehmen, fahr-Rad – Fahrrad.*

1 Setze die Verben einer Zeile mit der entsprechenden Vorsilbe
zusammen: *annehmen, …*

an-	-nehmen	-nähen	-nageln
ab-	-brennen	-brechen	-beißen
zer-	-reißen	-rupfen	-reiben
ver-	-raten	-reisen	-rechnen
aus-	-suchen	-sehen	-sägen
auf-	-fallen	-fordern	-fangen

2 Schreibe mit den Verben Sätze auf.
Benutze dabei die Wörter **soll, kann** oder **darf**:
Von Fremden soll man nichts annehmen.

3 Suche andere Wörter, bei denen zwei gleiche Buchstaben
aufeinandertreffen, zum Beispiel: *Fahrrad, …*

4 Diese Wörter werden oft falsch geschrieben: herraus statt heraus.
Setze die folgenden Wörter mit den Vorsilben **her-** und **hin-** zusammen:
heraus, …
hinaus, …

aus	unter	auf	ein	um	ab

5 Schreibe die Wörter mit Trennstrichen auf: *he-raus oder her-aus.*
Beides ist erlaubt!

6 Schreibe mit einigen dieser Wörter Sätze auf.

● Wörter mit schwierigen
Stellen schreiben

▶ Arbeitsheft: Seite 27
▶ Förderheft: Seite 44
▶ Forderkartei: Nr. 86

Wichtige Wortbausteine

Vorsilben mit v/V

> Die Vorsilben **ver-/Ver-** und **vor-/Vor-** werden mit **v/V** geschrieben: *ver-stehen – verstehen, vor-rechnen – vorrechnen.*

1 Bilde mit den Vorsilben **ver-** und **vor-** zusammengesetzte Verben: *verstehen, ...*
Bei manchen Verben passen beide Vorsilben.

> stehen   rechnen   geben   fahren   passen   lassen
> nehmen   stecken   brennen   rücken   beugen   werfen

2 Schreibe mit den Verben Sätze.

3 Suche Nomen mit den Vorsilben **Ver-** und **Vor-**.

Endungen von Adjektiven

> Viele Adjektive enden auf **-ig** oder **-lich**: *mutig, feindlich.*
> Wenn man solche Adjektive **verlängert,** kann man die Endungen meist besser unterscheiden: *mutige, feindliche.*

4 Bilde mit den Nomen Adjektive mit **-ig** oder **-lich**: *lustig, ...*
Kontrolliere mit der Wörterliste.

> Lust   Gefahr   Witz   Freund   Glück   Eis   Tod   Neugier
> Gemüt   Sonne   Natur   Locke   Feier   Gift   Matsch   Schaden

5 Schreibe Sätze mit den verlängerten Adjektiven:
Heute weht ein eisiger Wind.

6 Sucht Adjektive mit der Endung **-isch,** zum Beispiel: *erfinderisch, ...*

● Besondere Wörter schreiben   ▶ Wörterliste: Seite 136–151   ▶ Arbeitsheft: Seite 28, 29
▶ Förderheft: Seite 45
▶ Forderkartei: Nr. 87

Besondere Wörter 1

Fremdwörter

> Viele Wörter, die wir benutzen, sind aus anderen Sprachen zu uns gekommen, zum Beispiel **Jeans** aus dem Amerikanischen, **Joghurt** aus dem Türkischen und **Diktat** aus dem Lateinischen.

1 Schreibe die Wörter in eine Tabelle:

> der Computer   das Diktat   die Jeans   der Joghurt   die Spaghetti
> der Kakao   das T-Shirt   das Lineal   die Mathematik   der Tee
> der Ketchup   das Trikot   der Kaffee   der Pullover   die Pizza

Kleidung	Essen/Trinken	Dinge in der Schule
die Jeans	…	…

2 Bilde Sätze, in denen möglichst viele dieser Wörter vorkommen.

Wörter mit f/F und pf/Pf

3 Sprecht euch diese Zungenbrecher deutlich vor. Diktiert sie euch dann gegenseitig.

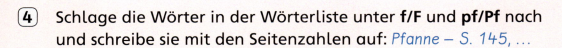

Fünf pfiffige Fohlen fielen in eine Pfütze.
Fünfzehn flinke Pferde fegten über das Pflaster.

4 Schlage die Wörter in der Wörterliste unter **f/F** und **pf/Pf** nach und schreibe sie mit den Seitenzahlen auf: *Pfanne – S. 145, …*

> ?anne   ?lücken   ?ratze   ?ote   ?eifen   ?legen   ?els
> ?irsich   ?laume   ?esseln   ?lechten   ?au   ?eil   ?loh   ?licht

● Wörter in eine Tabelle einordnen   ▶ Ich und die anderen: Seite 15   ▶ Arbeitsheft:
● Wörter mit f und pf schreiben   ▶ Wörterliste: Seite 136–151   Seite 30
● Arbeit mit der Wörterliste   ▶ Jahreszeiten: Seite 67, 70   ▶ Förderheft: Seite 35

Besondere Wörter 2

Wörter mit ai und chs

> Es gibt nicht viele Wörter mit **ai** und **chs**.
> Du musst sie dir merken.

(1) Schreibe die Wörter geordnet auf:
Wörter mit **ai**: *Mai, …*   Wörter mit **chs**: …

Mai	Fuchs	Eidechse	Kaiser	sechs	Büchse	wachsen
Hai	wechseln	Mais	Wachs	Dachs		
Echse	Laich	Lachs	Achsel	Luchs	Ochse	

(2) Diktiert euch die Wörter gegenseitig.
Wer diktiert, kontrolliert,
ob das andere Kind alles richtig schreibt.

Gleichklingende Wörter

(3) Besprecht in der Klasse, wann man welches Wort benutzt
und schreibt die Sätze vollständig in euer Heft auf:

a. **ist** oder **isst**?
Er __?__ wirklich nett. – Er __?__ gerade einen Apfel.

b. **seid** oder **seit**?
Ihr __?__ reiten gewesen. – Ich reite __?__ drei Jahren.

c. **war** oder **wahr**?
Das kann ja wohl nicht __?__ sein. – Das __?__ aber kalt!

(4) Denkt euch zu den sechs Wörtern von Aufgabe 3 eigene Sätze aus.

(5) Sammelt weitere gleichklingende Wortpaare.

● Besondere Wörter
  schreiben
● Partnerdiktat

▶ Arbeitsheft: Seite 31
▶ Forderkartei: Nr. 67, 68, 88

Was kann ich nun?

Teste dich doch einmal selbst! Schreibe die Antworten auf.
Schau dann hinten nach, ob du alles richtig gemacht hast.

1 Welche Wörter schreibt man mit **s**, welche mit **ß**?
Schreibe sie richtig auf.

> das Gla⍰   der Spa⍰   der Krei⍰   das Gra⍰   der Scho⍰
> sie lie⍰t   er schie⍰t   du nie⍰t   er grin⍰t   es flie⍰t

2 Welche Wörter schreibt man mit **g**, welche mit **k**?
Schreibe sie richtig auf.

> er krie⍰t   sie zan⍰t   sie fra⍰t   es stin⍰t   er ma⍰   sie hin⍰t

3 Schreibe diese Wörter ab und ergänze die Wortmuster.

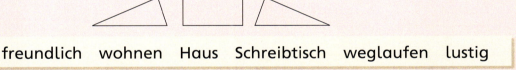

> freundlich   wohnen   Haus   Schreibtisch   weglaufen   lustig

4 Warum schreibt man verreisen mit **rr**?

5 Schreibe Wörter mit **ver-/Ver-** und Wörter mit **vor-/Vor-** auf.

6 Schreibe Adjektive mit den Wortbausteinen **-lich** und **-ig** auf.

7 Schreibe Wörter mit **ai** und mit **chs** auf.

8 Schreibe die Sätze ab und setze **ist** und **isst** ein.

a. Am liebsten ⍰ er Mandarinen.

b. Das ⍰ aber schön.

Sprach-Werkstatt

Fisch   Ziege   Reh   Bär

Schaf   Rind   Spatz   Zebra

Tiger   Ente   Schwein

Kakadu   Schildkröte   Spinne   Giraffe

1 Ist es nicht merkwürdig, dass es **die Ziege**, aber **das Schaf** heißt?
Welche Artikel zu Nomen gehören, kann man an den Nomen
selbst nicht erkennen, das muss man gelernt haben und wissen.
Wenn ihr es nicht wisst, schlagt in der Wörterliste nach.
Sprecht die Tierwörter mit Artikel.

2 Schreibe sie dann so auf. Von jeder Sorte gibt es fünf:

a. Tiere mit dem Artikel <u>der</u>: der Fisch, …
b. Tiere mit dem Artikel <u>die</u>: die Ziege, …
c. Tiere mit dem Artikel <u>das</u>: das Rind, …

Nomen sind männlich, weiblich oder sächlich

> Alle Nomen haben ein **Geschlecht**.
> Bei manchen Nomen für Lebewesen **weiß** man,
> ob sie **männlich** oder **weiblich** sind.
> Sie haben ein **„natürliches" Geschlecht**: *der Vater, die Tochter.*

1 Ordne diese Nomen nach ihrem natürlichen Geschlecht.
Aber Achtung: Bei zwei Nomen kannst du nicht wissen,
ob sie männlich oder weiblich sind!
männlich: … *weiblich: …*

> Gänserich Hahn Kater Henne Hündin Käfer
> Cousine Maus Onkel Sohn Stute Tante

> Die meisten Nomen haben kein natürliches Geschlecht,
> sondern ein **„grammatisches" Geschlecht**.
> Das Geschlecht erkennt man am **Artikel**:
> **männlich:** *der Löffel, der Teller, der Tiger*
> **weiblich:** *die Gabel, die Tasse, die Schlange*
> **sächlich:** *das Messer, das Sieb, das Zebra*

2 Schreibe die folgenden Wörter mit dem Artikel auf.
Wenn du unsicher bist, schau in der Wörterliste nach.
männlich: der Ärger, … *weiblich: die …* *sächlich: das …*

> Ärger Aquarium Angst Ast Arbeit Auge
> Appetit April Album Ampel Ass Apfelsine

3 Suche zu jeder Gruppe noch vier weitere Nomen.

4 Schreibe diese Nomen mit Artikel auf.
Aber Achtung: Sie haben zwei Geschlechter!
Vergleiche mit der Wörterliste.

Bonbon Gummi Keks

Meter Liter Joghurt

● Artikel den
Nomen zuordnen

▶ Wörterliste: Seite 136–151

Nomen: Einzahl und Mehrzahl

Die Mehrzahl der meisten Wörter musst du lernen. Und wenn du sie nicht kennst, musst du in einem Wörterbuch nachschlagen.

1 Schreibe die Tierwörter von Seite 98 auch in der Mehrzahl auf und unterstreiche dabei, woran du die Mehrzahl erkennst.
die Fische, die Ziegen, die Rinder, …

 Beachte: Bei einem Tier sieht die Mehrzahl genauso aus wie die Einzahl!

2 Du hast gemerkt: Es gibt ganz verschiedene Arten der Mehrzahl. Sucht gemeinsam Nomen mit folgenden Mehrzahlendungen und schreibt sie auf:

-e: der Witz – die Witze, …   *-en/-n: die Ente – die Enten, …*
-s: das Etui – die Etuis, …   *-er: das Haus – die Häuser, …*

> Nomen können in der **Einzahl (Singular)**
> und in der **Mehrzahl (Plural)** stehen: *der Hund – die Hunde*.
> Mehrzahlendungen können sein:
> *-e: Hunde, -s: Zebras, -en/-n: Spatzen/Enten, -er: Rinder*.
> Manche Nomen haben eine Mehrzahl mit Umlaut
> **und** Endung: *Kühe*.
> Einige Nomen haben aber **nur die Einzahl**: *das Obst*.
> Und manche haben **nur die Mehrzahl**: *die Eltern*.

3 Ordne die folgenden Nomen richtig ein und schreibe kurze Sätze auf:
a. Nomen nur mit Einzahl: *Das Obst ist reif.*
b. Nomen nur mit Mehrzahl: *Die Eltern sind verreist.*

> Obst   Eltern   Masern   Ferien   Schnee   Laub
> Leute   Wut   Langeweile   Shorts

4 Suche weitere Nomen mit der Mehrzahl **-e, -n, -en, -s** und mit Umlauten. In der Wörterliste findest du sie.

Der bestimmte und der unbestimmte Artikel

> Die Wörter *der, die, das* und *dem, den*
> nennt man **bestimmte** Artikel.
> Die Wörter *ein, eine* und *einem, einen, einer*
> nennt man **unbestimmte** Artikel.

Wie viele Kinder?
Ein Mädchen läuft über den Schulhof.
Ein Junge steht an der Mauer.
Ein Mädchen geht zu einem Jungen und zeigt ihm etwas.

Ich zähle nur zwei.

Ich zähle vier Kinder.

Genauso viele Kinder?
Ein Mädchen läuft über den Schulhof.
Ein Junge steht an der Mauer.
Das Mädchen geht zu dem Jungen und zeigt ihm etwas.

1 Woran mag es wohl liegen, dass in den Texten
unterschiedlich viele Kinder vorkommen? Sprecht darüber.

> Der **unbestimmte** Artikel sagt meistens,
> dass etwas noch **unbekannt** und **neu** ist.
> Der **bestimmte** Artikel sagt meistens,
> dass etwas **bekannt** ist und **dasselbe** gemeint ist.

2 Schreibe den folgenden Text auf. Setze **ein** oder **der** ein.
a. Es sollen nur ein Fisch und ein Frosch darin vorkommen.
b. Es sollen zwei Fische und zwei Frösche darin vorkommen.

In unserem Teich schwimmt ？ *Fisch herum.*
Auf einem Blatt sitzt ？ *Frosch.*
Als ich an den Teich komme, springt ？ *Frosch ins Wasser,*
und ？ *Fisch taucht auf und schnappt nach einer Mücke.*

▶ Tiere im Wasser: Seite 22, 23

Nomen werden großgeschrieben

> Nomen können **Dinge**, **Gefühle** und bestimmte **Zeiten** bezeichnen.
> Dinge: *der Ohrring, der Pulli, ...*
> Gefühle: *der Spaß, die Langeweile, ...*
> Zeiten: *die Minute, das Weihnachtsfest, ...*
> Vor die meisten Nomen kann man die Artikel *der, die, das*
> oder *ein, eine* setzen: *ein Pulli, die Minute.*

1 Schreibe die Wörter mit den Artikeln **der, die, das, ein, eine**
und ordne sie: *Dinge: eine Armbanduhr, ...*
                              Gefühle: das Heimweh, ...
                              Zeiten: der Monat, ...

> Armbanduhr   Heimweh   Monat   Freude   Geburtstag   Wut
> Taschenmesser   Stunde   Kette   Ferien   Ring   Traurigkeit

> Zwischen **Artikel** und **Nomen** steht manchmal ein **Adjektiv**:
> *der bissige Hund.*
>
> Der Artikel gehört aber zum Nomen und nicht zum Adjektiv.
> Deswegen wird das **Adjektiv kleingeschrieben**.

2 Bilde Sätze wie im Beispiel: *Die nächste Woche wird schön.*

> DIE NÄCHSTE WOCHE   DER KLEINE HAUFEN
> DIE SILBERNE KETTE   DIE GROSSE LANGEWEILE
> DER LIEBSTE WUNSCH   DER SCHÖNE MORGEN
> DIE LUSTIGE PARTY   DIE SCHLIMMEN SCHMERZEN

3 Schreibe die Sätze richtig in dein Heft: *Ich übe auf ...*

ICH ÜBE AUF MEINEM NEUEN COMPUTER.
OFT MACHE ICH EINEN DUMMEN FEHLER.
DANN KRIEGE ICH DIE KALTE WUT.

Wortbausteine von Nomen

Gesund-heit!

-heit, -keit:	gesund sauber gemein flüssig
-ung, -nis:	wohn*en* finster entschuldig*en* geheim

(1) Bilde aus den Wörtern Nomen,
indem du die richtigen Endungen anhängst: *Gesundheit, …*

Paula lag mit einer   ?   im Bett.
Deswegen musste ihre Mutter eine   ?   schreiben.
Dabei hätte sie so gern am Klassenausflug teilgenommen.
Das wäre sicher ein tolles   ?   gewesen!
Aber der Arzt hatte ihr keine   ?   gegeben.
So konnte sie an dem wichtigen   ?   nicht teilnehmen. Schade!

(2) Schreibe den Text ab und setze die fehlenden Nomen ein.
Du musst sie aus diesen Wörtern bilden:
entschuldigen, ereignen, erleben, erlauben, erkälten.

> Viele Nomen kann man an bestimmten **Wortbausteinen**
> am Ende eines Wortes erkennen:
> -ung: Entschuldig*ung*, …   -heit: Klug*heit*, …   -keit: Höflich*keit*
> -nis: Hinder*nis*, …   -schaft: Verwandt*schaft*, …
> Alle Wörter mit diesen **Wortbausteinen**
> werden **großgeschrieben**.

(3) Bilde mit jedem dieser Wortbausteine Nomen und schreibe sie auf.

-ung:	erfinden	retten	üben	kleiden
-heit:	frech	frei	faul	krank
-keit:	dankbar	gemütlich	fröhlich	verständlich
-nis:	ergeben	gefangen	zeugen	verstanden
-schaft:	Freund	Feind	eigen	gemein

(4) Kennst du auch Nomen mit **-elei, -erei** wie *Mogelei*? Schreibe sie auf.

Die Nomen und die vier Fälle

> Die **Nomen** können in **vier Fällen** gebraucht werden:
> im **Nominativ**, im **Akkusativ**, im **Dativ** und im **Genitiv**.
>
> **Nominativ**
> (Wer?) **Der Esel** sieht
>
> (Wer?) **Der Esel** hilft
>
> (Wer oder was?) **Der Stall**
>
> **Akkusativ**
> (wen oder was?) **den Stall**.
> **Dativ**
> (wem?) **dem Müller**.
> **Genitiv**
> (wessen Stall?) **des Esels** steht
> neben der Mühle.

1 Ihr kennt vielleicht das Märchen *Die Bremer Stadtmusikanten*.
Lest die Sätze vor, setzt **den** oder **einen** ein und sprecht die Artikel
deutlich aus:

Die vier Bremer Stadtmusikanten – Akkusativ
Unterwegs traf der Esel zuerst ein<u>en</u> Jagdhund.
Dann trafen die beiden den „Bartputzer",
eine alte Katze also.
Und zum Schluss trafen sie ein ? Hahn.
Nach einiger Zeit erreichten die vier d ? Wald.
Dort sahen sie ein ? Bauernhof.
Und darin bemerkten sie ein ? Haufen Räuber.

2 Lest vor, wie es weitergeht. Setzt **dem** oder **einem** ein:

Die Bremer Stadtmusikanten vor dem Räuberhaus – Dativ
Der Hund stand auf dem Esel.
Die Katze saß auf dem Hund.
Der Hahn stand auf d ? Rücken der Katze.
Alle vier standen auf d ? Misthaufen
vor d ? Fenster – und erschreckten die Räuber
mit ein ? fürchterlichen Konzert.

● Die 4 Fälle gebrauchen

▶ Arbeitsheft: Seite 34, 35
▶ Förderheft: Seite 46
▶ Forderkartei: Nr. 89, 90

3 Setzt beim Lesen die Artikel **des, der, eines** und die Nomen ein:

Wie es den Räubern erging – Genitiv

Die Räuber hörten das Geschrei d ? Esels.

Sie fürchteten sich vor dem Gebell d ? Hundes.

Sie hielten sich die Ohren zu bei dem Miauen d ? Katze.

Sie hatten Angst vor dem Krähen d ? ? – und dachten,

sie seien in die Hände ein ? ? geraten.

Da rannten sie in das Dunkel d ? ? hinaus.

Hahn

Gespenst

Wald

4 Setzt beim Lesen hier die Artikel **dem, den** oder **einen** ein:

Was die Bremer Stadtmusikanten taten – Dativ oder Akkusativ

Sie fraßen d ? Kuchen und tranken d ? Wein.

Dann suchte sich jeder ein ? Schlafplatz.

Der Esel legte sich auf d ? Misthaufen vor d ? Haus.

Der Hund lag hinter d ? Türpfosten.

Die Katze schlief auf d ? Herd,

und der Hahn setzte sich ganz oben auf d ? Balken.

5 Setzt beim Lesen **dem, den, einem** oder **einen** ein.

Wie sie die Räuber vertrieben – Dativ oder Akkusativ

Ein Räuber ging an d ? Herd.

Da sprang ihm die Katze auf d ? Kopf.

Ein Räuber rannte aus d ? Haus.

Da biss ihm der Hund in d ? Fuß.

Der Räuber flüchtete an d ? Misthaufen vorbei.

Da versetzte ihm der Esel ein ? Tritt.

Da rannten alle Räuber aus d ? Wald –

und wurden nie mehr gesehen.

6 Suche dir zwei der Texte aus und schreibe sie ab.

► Arbeitsheft: Seite 34, 35
► Förderheft: Seite 46
► Forderkartei: Nr. 89, 90

Adjektive

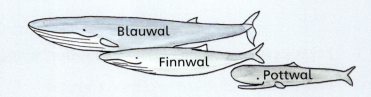

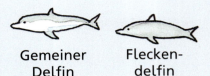

Gemeiner Delfin   Fleckendelfin

(1) Vergleiche diese Bilder und setze die Wörter in den Text ein.

> größer   halb so groß   genauso groß   größten   kleiner   kleinen

Wale

Einige Wale gehören zu den   ?   Säugetieren der Erde.
Der Blauwal ist mit seinen 30 Metern   ?   als alle anderen
Tiere. Wesentlich   ?   ist mit rund 23 Metern der Finnwal.
Der Pottwal ist nur   ?   wie der Blauwal. Die Delfine
gehören zu den   ?   Walen. Der Gemeine Delfin ist   ?   wie
der Fleckendelfin.

(2) Lies den Text über den Wettlauf. Setze die Wörter **als** oder **wie** ein.

(3) Schreibe die Sätze auf.

Wettlauf

Tim ist schneller   ?   Tom.
Leo ist genauso schnell   ?   Phillip.
Cadir ist schneller   ?   Tom.
Leo und Phillip sind schneller   ?   Cadir und Tom.
Tim ist schneller   ?   Leo und Phillip.

> Mit Adjektiven kann man **vergleichen**.
> Sie haben eine **Grundform**: *groß*.
> Die **Vergleichsstufen** sind: *größer, am größten*.
> Wenn Adjektive **gesteigert** werden, heißt es *als*:
> *größer als, schneller als, …*
> Wenn sie **nicht gesteigert** werden, heißt es *wie*:
> *so groß wie* – aber auch: *doppelt so groß wie*.

Die Pronomen

> **Pronomen (Fürwörter)** sind kleine Wörter, die wir **für Nomen** einsetzen können. So müssen die Nomen in einem Text nicht ständig wiederholt werden.
> Die Pronomen sind:
> **ich** *(mir, mich)*, **du** *(dir, dich)*, **er** *(sich, ihm, ihn)*, **sie** *(sich, ihr)*,
> **es** *(sich, ihm)*, **wir** *(uns)*, **ihr** *(euch)*, **sie** *(ihnen)*.

(1) Setze für die unterstrichenen Namen immer eines der folgenden Pronomen ein: **ich, er, sie, dir, ihr, ihn**.
Deswegen ruft sie Paul an. …

Julia kann ihre Hausaufgaben nicht allein machen.
Deswegen ruft Julia Paul an. Paul muss Julia unbedingt helfen.
Paul mag Julia gern. Und Julia mag Paul auch.
Deswegen kommt Paul auch gleich zu Julia nach Hause.
„Julia kann das nicht!", sagt Julia. „Dann muss Paul es Julia eben zeigen", sagt Paul.

(2) Setze die passenden Wörter ein: **dir, dich, mir, mich, uns, euch**.
Ich helfe dir …

Ich helfe ___?___ , denn ich mag ___?___ .
Und du hilfst ___?___ , denn du magst ___?___ auch.
So helfen wir ___?___ gegenseitig.
Und ihr? Helft ihr ___?___ auch gegenseitig?

(3) Setze **mir** oder **mich** ein:

Ich dusche ___?___ . Das macht ___?___ Spaß!
Dann trockne ich ___?___ ab und kämme ___?___ die Haare.
Ich setze ___?___ an den Frühstückstisch.
Das Brötchen schmeckt ___?___ gut.
Dann muss ich ___?___ aber beeilen,
denn sonst fährt ___?___ der Bus davon.

Verben sind ganz besondere Wörter

1 Wenn ihr ein Verb hört, habt ihr gleich eine kleine Geschichte
im Kopf. Was denkt ihr zum Beispiel beim dem Verb *schreiben*?
Schreibt einmal alle einen Satz mit dem Verb *schreiben* auf.

Wir	schreiben.		
Ich	schreibe	(was?) ...	
(Wer?)	schreibt	(wem?) ...	
Du	schreibst		

2 Lest euch eure Sätze vor.

3 Schreibe ganz kurze Sätze mit diesen Verben auf. In ihnen muss
einer vorkommen, der das tut, und etwas, mit dem das getan wird:
Die Mutter liest Zeitung. ...

lesen   helfen   danken   drohen

> Verben sind Wörter, bei denen man sich etwas **hinzudenken**
> muss. Sie brauchen immer jemanden, der etwas **tut**,
> und manchmal noch einen, mit dem etwas **geschieht**.
> Man könnte auch sagen: Verben brauchen „**Mitspieler**".
>
> | **Mitspieler,** | **Verb** | **Mitspieler,** |
> |---|---|---|
> | **der etwas tut:** | | **dem etwas geschieht:** |
> | Das Kind | lacht. | |
> | Die Mutter | streichelt | das Baby. |

4 Schreibe auch zu diesen Verben kurze Sätze auf.
Der Schüler lobt die Lehrerin.

loben   trösten   belügen   verjagen   bekämpfen

Wortfelder aus Verben

> Wörter, die etwas Ähnliches bedeuten,
> gehören zu einem **Wortfeld**.
> Zum Wortfeld **sprechen** gehören: *reden, rufen, flüstern, …*
> Zum Wortfeld **sehen** gehören: *schauen, gucken, blinzeln, …*

1 Sammelt noch weitere Wörter zum Wortfeld **sprechen**.

> sprechen   quasseln   reden   schreien   flüstern   schimpfen
> antworten   fragen   brüllen   tuscheln   rufen

2 Setze die passenden Verben aus dem Wortkasten ein.

Das Wortfeld sprechen
a. Sprich doch leise und ___?___ nicht so laut!
b. Ich ___?___ dir etwas ins Ohr, was die anderen nicht hören dürfen.
c. Ihr beiden da, müsst ihr denn immerzu miteinander ___?___ ?
d. ___?___ doch nicht mit mir, ich habe doch gar nichts getan!
e. Wenn du etwas nicht weißt, kannst du ja ___?___ .
f. Wenn ich es weiß, dann ___?___ ich dir auch darauf.

3 Lest euch die Sätze vor und vergleicht sie miteinander.

4 Schreibe die Sätze richtig auf. Setze die Verben ein.

Das Wortfeld sehen
a. Wir ___?___ uns die Tiere im Zoo an.
b. Ich ___?___ vor allem die Seelöwen beim Schwimmen.
c. Der eine Seehund ___?___ mir beim Auftauchen zu.
d. Zum Schluss ___?___ wir das Aquarium.

> beobachten
> blinzeln
> besichtigen
> schauen

5 Dies sind einige Verben zu den Wortfeldern **lachen** und **weinen**.
Ordne sie. *Wortfeld lachen: kichern, …   Wortfeld weinen: heulen, …*

> kichern   grinsen   heulen   jammern   lächeln   plärren   schmunzeln

Die Zeitformen

Der Frosch

Ich gehe an den Bach
und fange einen Frosch.
Ich nehme ihn in die Hand,
doch plötzlich schwimmt er weg.

Die Katze

Die Katze sitzt im Gras,
frisst eine kleine Maus.
Dann putzt sie sich den Bart.
Das nutzt der Maus nichts mehr.

1 Wenn du die beiden Texte im Perfekt aufschreibst,
werden Gedichte daraus: *Ich bin an einen Bach gegangen …*

Reiten

Am letzten Sonntag bin ich auf einem Pony ausgeritten.
Auf einmal sind wir über einen Graben gesprungen.
Und da bin ich mitten hinein gefallen.
Das Pony hat nur noch laut geschnaubt.
Dann habe ich es am Zügel nach Hause geführt.
Dort habe ich mich von oben bis unten gewaschen.

2 Schreibe diese Geschichte im Präteritum auf:
Am letzten Sonntag ritt ich auf einem Pony aus. …
An ein oder zwei Stellen möchtest du aber vielleicht das Perfekt
stehen lassen, weil es dir besser gefällt.

Verben können in verschiedenen **Zeitformen** stehen:

im **Präsens**:	*ich reite*	*ich wasche mich*
im **Perfekt**:	*ich bin geritten*	*ich habe mich gewaschen*
im **Präteritum**:	*ich ritt*	*ich wusch mich*

Das **Präsens** gebrauchen wir vor allem, wenn wir über etwas
sprechen oder schreiben, was in der **Gegenwart** geschieht.
Das **Perfekt** gebrauchen wir meistens dann, wenn wir über
etwas **Vergangenes sprechen**.
Das **Präteritum** verwenden wir meistens dann, wenn wir über
etwas **Vergangenes schreiben**.

110

● In verschiedenen
Zeitformen schreiben

▶ Die Welt um uns herum:
Seite 33, 34
▶ Von Rittern und Burgen: Seite 52

▶ Arbeitsheft:
Seite 39

Einkaufen früher

Frau Bruns steht ganz allein im Laden.

Sie unterhält sich erst einmal mit dem Kaufmann Jakobus.

Dann lässt sie sich eine Tüte Zucker abwiegen.

Der Kaufmann schneidet ein Stück Butter ab und wickelt es ein.

Das geht alles ganz gemütlich zu.

Herr Jakobus nimmt sich viel Zeit für seine Kunden, viel Zeit.

③ In einem Kaufmannsladen ging es früher ganz anders zu als in einem Supermarkt heute. Schreibe den Text um. Man soll erkennen, dass alles in der Vergangenheit spielt. *Frau Bruns stand ganz allein im Laden. …*

④ Setze beim Abschreiben des folgenden Textes der Reihe nach die Verben ein. Du hast immer zwei Möglichkeiten. Suche dir eine aus:

a. wird … aussehen	sieht … aus
b. werden … aussuchen	suchen … aus
c. werden … abholen	holen … ab
d. werden … vorbeifahren	fahren … vorbei
e. werden … bezahlen	bezahlen
f. haben werden	haben

In 100 Jahren

a. Wie   ?   es wohl in 100 Jahren   ?   ?

b. Vielleicht   ?   wir dann unsere Sachen am Computer   ?   .

c. Dann   ?   wir sie nur noch aus dem Geschäft   ?   .

d. Oder wir   ?   mit dem Auto an riesigen Regalen   ?   ,

e. und an der Kasse   ?   wir dann   ?   .

f. Ob wir daran aber noch Spaß   ?   ?

> Es gibt eine Zeitform, die wir nur selten gebrauchen: das **Futur**.
> Mit dem Futur können wir sagen,
> dass etwas in der **Zukunft** geschieht.
> Das Futur wird mit **werden** gebildet: **sehen**: *Wir werden ja sehen!*
> Meistens wählen wir aber nicht das Futur, sondern das Präsens:
> *Ich werde morgen ganz bestimmt kommen.*
> *Ich komme morgen ganz bestimmt.*

Satzglieder

EIN · IM · MACHTE · LUSTIGE · CLOWN · SACHEN · ZIRKUS · VIELE · . · ?

1. Spielt einmal Umstellproben vor der Klasse:
   Acht Kinder bekommen je eine Wortkarte mit einem Wort.
   Ein Kind bekommt die Karte mit dem Punkt.
   Dann stellen sich alle so auf, dass ein Satz entsteht.

2. Stellt euch dann einmal oder zweimal so um, dass andere Kinder
   mit ihren Wortkarten am Satzanfang stehen. Kinder,
   die bei den Umstellungen zusammenbleiben, fassen sich an.

3. Jetzt stellt sich das Kind mit dem Fragezeichen ans Ende des Satzes.
   Nun müssen sich die anderen Kinder noch einmal umstellen.

4. Probiert Umstellproben in Tischgruppen aus. Die Wörter werden
   auf sieben Wortkarten geschrieben. Bildet einen Satz mit diesen
   Wörtern. Verschiebt dann die Wörter so, dass drei verschiedene
   Satzanfänge entstehen.

   ER · VOR · BAUCH · PAUKE · TRUG · SEINEM · EINE

   > Wörter eines Satzes, die man allein oder gemeinsam
   > **an den Satzanfang** stellen kann, heißen **Satzglieder**.
   > Ein Satzglied kann aus einem einzigen Wort oder aus
   > mehreren Wörtern bestehen.
   > Durch **Umstellproben** bekommt man heraus,
   > aus wie vielen Satzgliedern ein Satz besteht.

5. Stellt noch einmal fest: Aus wie vielen Satzgliedern bestehen die
   beiden Sätze, mit denen ihr Umstellproben durchgeführt habt?

Umstellproben – einen Text verbessern

Im Zirkus

a. Ein Clown trommelte auf einer Pauke herum.
b. Ein zweiter Clown kam <u>auf einmal</u> dazu.
c. Er hatte Kopfhörer auf den Ohren.
d. Er konnte <u>deswegen</u> nichts hören.
e. Er sprang <u>wie ein Verrückter</u> herum.
f. Den ersten Clown ärgerte <u>das</u> ganz schrecklich.
g. Er schlug wütend auf seine Pauke.
h. Der andere tanzte aber einfach weiter.
i. Der erste Clown kriegte plötzlich die Wut.
j. Er stülpte dem anderen die Pauke über den Kopf.
k. Er tanzte jetzt aber unter der Pauke weiter.
l. Er stieß am Schluss den ersten Clown einfach um.
m. Er blieb am Boden heulend liegen.

① Viele Sätze fangen mit **Er** an. Wenn du bei manchen Sätzen
andere Satzglieder an den Anfang stellst,
dann wird der Text besser. Einige Satzglieder,
die du an den Anfang stellen sollst, sind schon unterstrichen.
Bei anderen musst du es dir selbst überlegen.

② Lest euch eure Texte gegenseitig vor.
Achtet darauf, wie es die anderen gemacht haben.

> In einem Text kommt es sehr darauf an,
> an welchen Stellen die Satzglieder in einem Satz stehen.
> Besonders die **Satzanfänge** sind für einen guten Text wichtig.
> Durch **Umstellproben** kann man einen Text oft **verbessern**.

③ Aus wie vielen Satzgliedern bestehen die Sätze f und j?
Mit Umstellproben kannst du das feststellen. Jeder Teil des Satzes,
der einmal ganz vorn stehen kann, ist ein Satzglied.
Das / ärgerte / den ersten Clown …
Ärgerte / das / den ersten Clown … ?

● Texte überarbeiten
● Umstellproben machen
● Eine Geschichte zu Ende schreiben

► Arbeitsheft: Seite 40, 59
► Forderkartei: Nr. 95, 96

113

Subjekt und Prädikat

Charlottes Traum
Charlotte schläft.
Sie fantasiert:
Ich fliege!
Die Sonne scheint.

Eine dicke Wolke kommt.
Ein Blitz zuckt.
Charlotte erschrickt.
Sie wacht auf.

> Alle Sätze enthalten ein **Prädikat**.
> Das **Prädikat** sagt aus, was jemand **tut** oder was **passiert**.
> Es besteht immer aus einem **Verb**: *Charlotte* _schläft_.
> Manchmal besteht es aus zwei Wörtern: *Charlotte* _wacht_ _auf_.
> Das **Subjekt** sagt, **wer** es ist, der etwas tut.
> Das Subjekt ist der wichtigste **Mitspieler** des Verbs.
> Es besteht meistens aus einem **Nomen** oder einem **Pronomen**:
> _Charlotte_ schläft. _Sie_ schläft.
> Das Subjekt kann man mit Fragen wie **wer oder was** erfragen:
> _Wer_ schläft? – _Charlotte_ schläft. _Sie_ schläft.

1 Schreibe die Sätze oben ab. Unterstreiche das <u>Subjekt</u> blau
und das <u>Prädikat</u> rot. Beachte: Subjekt und Prädikat können aus
mehreren Wörtern bestehen.

Charlotte träumt weiter
Sie steuert ein Flugzeug.
Darin fliegt sie in ferne Länder.
Das Flugzeug fliegt hoch über den Wolken.
Dann landet es in einem Fantasieland.
Und da wacht Charlotte leider wirklich auf.
Der Wecker hat sie nämlich geweckt.

2 Schreibe den Text ab und unterstreiche die <u>Subjekte</u> blau.
Frage immer: Wer oder was tut etwas?

3 Unterstreiche die <u>Prädikate</u> rot.
Manchmal bestehen sie aus zwei Wörtern.

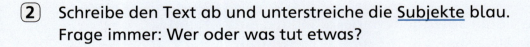

114
● Satzglieder erfragen
● Satzglieder abschreiben
▶ Von Rittern und Burgen: Seite 51
▶ Arbeitsheft: Seite 41
▶ Förderheft: Seite 24
▶ Forderkartei: Nr. 46

Die Objekte

Der Schäfer hütet die Schafe.
Die Schafe fressen Gras.
Sie folgen dem Schäfer.
Der Schäfer besitzt einen Hütehund.

Er hilft dem Schäfer.
Er umkreist die Schafe.
Er treibt die Schafe voran.
Die Schafe kennen ihn.

1 Wer sind in dieser kleinen Szene die **Mitspieler** der Verben?
Bildet Partnergruppen. Ein Kind fragt:
Wer besitzt wen? Wer folgt wem? Wer frisst was? Wer hilft wem?
Wer hütet wen? Wer kennt wen? Wer treibt wen? Wer umkreist wen?
Das andere Kind beantwortet die Fragen.

2 Schreibe die Sätze oben ab. Unterstreiche die Subjekte blau
und die Objekte grün.

> In den meisten Sätzen gibt es außer den Subjekten
> noch **Objekte (Ergänzungen)**.
> Das **Akkusativ-Objekt** antwortet auf die Frage **wen oder was**:
> *Der Schäfer treibt (wen oder was?) die Schafherde voran.*
> Das **Dativ-Objekt** antwortet auf die Frage **wem**:
> *Der Hund hilft (wem?) dem Schäfer dabei.*
> Manche Objekte bestehen nur aus einem **Pronomen**:
> *Der Schäfer treibt (wen?) sie voran.*
> *Der Hund hilft (wem?) ihm dabei.*

3 Schreibe den folgenden Text ab. Unterstreiche die Subjekte blau.

a. Felix findet seinen Bleistift nicht.
b. Da hilft Carlotta dem Felix aus.
c. Sie leiht ihm ihren Stift.
d. Plötzlich findet Felix seinen Bleistift wieder.
e. Felix gibt seiner Freundin ihren Bleistift zurück.

4 Unterstreiche die Objekte grün.
In zwei Sätzen kommen zwei Objekte vor.

Subjekt – Prädikat – Objekt

Hier sind die Sätze eines Textes zu einer Bühne aufgebaut.
Die Mitspieler der Verben stehen links und rechts auf der Bühne.

Mitspieler	Verben	Mitspieler
SUBJEKTE	PRÄDIKATE	OBJEKTE
Mann	betritt	Bühne
Dackel	folgt	Mann
Mann	hält hoch	Reifen
er	befiehlt	Dackel
Dackel	hört zu	Mann
Dackel	gehorcht nicht	Herrchen
Mann	gibt	Dackel – Klaps
Dackel	schüttelt	Kopf
Pudel	kommt	
Pudel	durchspringt	Reifen
Dackel	springt hinterher	
beide Hunde	rennen hinaus	
Publikum	applaudiert	Mann

1. Sprecht zuerst einmal die einzelnen Sätze dieser Szene.
Manchmal müsst ihr noch andere Wörter hinzufügen.
Bei den Objekten müsst ihr besonders auf den Akkusativ
und den Dativ achten:
Ein Mann betritt die Bühne.
Dann befiehlt er dem Dackel hindurchzuspringen.

2. Schreibe die ganze Szene in vollständigen Sätzen auf.

Kommas und Punkte

> Zwischen Ausdrücken, mit denen man etwas **aufzählt**, werden **Kommas** gesetzt:
> *Im Küchenschrank stehen Töpfe, Schüsseln, Teller, Tassen.*
> Vor **und** setzt man kein Komma: *Im Besteckfach liegen die scharfen Messer, die spitzen Gabeln und große Suppenlöffel.*

1 Lest euch erst den Text vor – und lest dabei die Kommas mit:
Die Schülerinnen (Komma) Schüler (Komma) Lehrerinnen (Komma) ...

Müllsammlung im Wald
Die Schülerinnen Schüler Lehrerinnen Lehrer und Eltern
haben den Wald von Fuchsdorf von Unrat befreit. Sie sammelten
in Gräben auf Wegen unter Bäumen und am Waldrand
alles Mögliche auf. Sie fanden vor allem Papierreste Flaschen
Kartons Blechdosen Plastiktüten und Scherben.
Sogar ein alter Stuhl eine Luftmatratze ein Autosessel
eine Luftpumpe und ein alter Turnschuh wurden eingesammelt.

2 Schreibe den Text ab und setze die Kommas ein.

3 Ohne Punkt und Komma kann man diesen Text kaum verstehen.
Lest ihn euch vor und macht Pausen, wo etwas Neues beginnt.

Im Wald liegt alles durcheinander
Getränkedosen liegen im Graben auf den Bäumen
hängen bunte Papierfetzen auf dem Waldboden
sieht man Autoreifen an den Zweigen
blinken die Reste von Plastiktüten im Bach
schwimmen einige tote Fische.
Da könnte man aus der Haut fahren vor Zorn
über solche Umweltsünder!

4 Schreibe den Text ab. Du kannst nach jedem Satz einen Punkt,
aber auch Kommas zwischen die aufgezählten Sätze setzen.

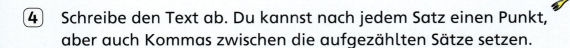

● In Aufzählungen Kommas setzen
▶ Ich und die anderen: Seite 11
▶ Tiere im Wasser: Seite 26
▶ Arbeitsheft: Seite 45

Zeichen der wörtlichen Rede

Elias sagte: „Ich kann schon alles.“
Begleitsatz   *wörtliche Rede*

„Bist du dir da auch sicher?“,   fragte Inka.
wörtliche Rede   *Begleitsatz*

Das, was einer sagt, steht in **Redezeichen**.
Man nennt es **wörtliche Rede**.
Punkt, Frage- und **Ausrufezeichen** gehören zur wörtlichen Rede.
Im **Begleitsatz** steht, wer etwas sagt.
Steht der **Begleitsatz vorn**, folgt ein **Doppelpunkt**.
Steht der **Begleitsatz hinten**, wird er durch ein **Komma**
von der wörtlichen Rede abgetrennt.
Das Komma steht immer hinter den Redezeichen.

1 Lest den Text vor. Ihr könnt auch mit verteilten Rollen lesen.

Der Streit um das Mittagessen
Die Mutter fragt:
    Was sollen wir morgen essen?
Juri antwortet: Am liebsten Spaghetti!
    Immer willst du Spaghetti! Ist das nicht ungesund?
schimpft die Mutter.
    Dann musst du mich doch nicht erst fragen!
meckert Juri.
Da muss die Mutter lachen und sagt:
    Du hast ja Recht.
    Mach doch einen Salat zu den Spaghetti!
schlägt Juri vor.
    O ja!
meint die Mutter.   Das machen wir!

2 Schreibe das Gespräch mit Redezeichen auf. Denke daran: Du musst
auch noch ein Komma setzen, wenn der Begleitsatz hinten steht.
Schreibe so: *Die Mutter fragt: „Was sollen wir morgen essen?“* …

● Satzeichen und Redezeichen setzen
● Einen Text abschreiben

▶ Arbeitsheft: Seite 46, 47

Was kann ich nun?

Teste dich doch einmal selbst! Schreibe die Antworten auf.
Schau dann hinten nach, ob du alles richtig gemacht hast.

1 Ordne die Nomen *Eltern, Wut, Kind* richtig ein.
a. Dieses Wort hat Einzahl und Mehrzahl: …
b. Dieses Wort hat nur die Einzahl: …
c. Dieses Wort hat nur die Mehrzahl: …

2 Schreibe in dem folgenden Satz die Nomen groß:

EINES TAGES LIEF EIN AUFGEREGTER HUND AUF MICH ZU.

3 Welche beiden Wörter sind Adjektive? Schreibe sie auf.

DACKEL   BISSIG   SPIELEN   FELL   DICK   HAARE

4 Schreibe die folgenden beiden Sätze vollständig in dein Heft:

a. Ich bin genauso groß   ?   mein Bruder.
b. Ich bin größer   ?   meine Schwester.

5 Schreibe die folgenden Sätze mit den angegebenen Zeitformen auf:

a. spielen,   Präteritum: Gestern   ?   wir gegen die 4b.
b. spielen,   Präsens: Wir   ?   sonst gar nicht schlecht.
c. verlieren,   Perfekt: Aber gestern   ?   wir   ?   .

6 Aus wie vielen Satzgliedern besteht dieser Satz?

Im Zirkus zauberte der Zauberer aus seinem Hut einen Hasen.

7 Schreibe einen Satz auf. Das Prädikat soll *schenken*, das Subjekt soll *Vater* sein und die beiden Objekte sollen *Sohn* und *Computer* sein.

8 Schreibe diese Sätze mit den Anführungszeichen auf:
Ines fragte: Spielst du morgen mit? – Ich bin doch krank! sagte Felix.

Schreib-Werkstatt

1 Erzählt euch, was in der Bildergeschichte geschieht.

2 Spielt diese Geschichte mit verteilten Rollen:
Ein Kind ist die Erzählerin oder der Erzähler.
Zwei Kinder spielen den Fuchs und den Storch.

Eine Fabel lesen und untersuchen

Das Äffchen und das Kamel
nach Äsop

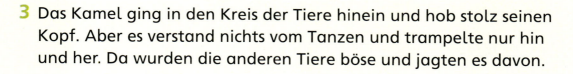

1 Das Äffchen und das Kamel kamen
zu der großen Versammlung
der Tiere. Das Äffchen trat in den
Kreis und tanzte. Es machte seine
Sache so gut, dass es von allen
Tieren Anerkennung erhielt.

2 Das Kamel war neidisch, denn es
wollte auch einmal so viel Applaus
bekommen wie das Äffchen.
Deswegen sagte es: „So gut wie du, Affe,
kann ich schon lange tanzen!"
Das Äffchen antwortete:„Dann versuch es doch!
Die Tiere würden sich gewiss auch über deinen Tanz freuen."

3 Das Kamel ging in den Kreis der Tiere hinein und hob stolz seinen
Kopf. Aber es verstand nichts vom Tanzen und trampelte nur hin
und her. Da wurden die anderen Tiere böse und jagten es davon.

4 Die Fabel zeigt: Es nutzt nichts, auf andere nur neidisch zu sein,
man muss auch etwas genauso gut können wie sie.

(**1**) Lest diese Fabel leise durch und lest sie euch dann gegenseitig vor.

(**2**) Hier sind Zwischenüberschriften zu den vier Abschnitten der Fabel.
Welche passt zu welchem Abschnitt?
Achtung: Eine von ihnen passt ganz und gar nicht!

A Das erfolglose Kamel   **B Die Lehre der Fabel**
C Das dumme Äffchen   **D Das erfolgreiche Äffchen**
E Das neidische Kamel

Wie Fabeln gebaut sind

1 Ihr kennt nun schon einige Fabeln.
Was aber ist an ihnen das Besondere?
Lest euch den folgenden Merkkasten durch.

Fabeln

1 In einer Fabel begegnen sich meistens irgendwo zwei Tiere,
die sich wie Menschen verhalten. Das eine ist meistens stark,
groß oder hinterlistig, aber dafür böse oder dumm.
Das andere ist oft schwächer, aber dafür gut,
klug oder erfolgreich.

2 Manchmal geraten die beiden Tiere in einen Streit. Fast immer
sprechen sie dabei miteinander. Manchmal will einer den anderen
hereinlegen. Manchmal ist einer neidisch auf den anderen.

3 Am Ende ist meistens der Schwächere, aber Schlauere überlegen.

4 Am Schluss wird gesagt, was man aus der Fabel lernen kann.

2 Vergleicht das, was hier im Kasten steht, mit den beiden Fabeln
Der Fuchs und der Storch und *Das Äffchen und das Kamel*.
Welche der Aussagen zur Fabel findest du in den beiden
Geschichten wieder?

Punkt 1: Welche der Tiere könnte man eher als gut
oder klug bezeichnen?
Welche eher als böse oder dumm?

Punkt 2: Wer will wen hereinlegen oder herausfordern?
Wer ist neidisch auf wen?

Punkt 3: Wer ist am Ende in den beiden Fabeln überlegen?

Punkt 4: Was kann man aus den beiden Fabeln lernen?
In der Fabel *Das Äffchen und das Kamel* ist das schon
gesagt, für die Fabel *Der Fuchs und der Storch* müsst ihr
es selbst herausfinden.

Eine Fabel schreiben

Tipps für das Schreiben von Fabeln

Überschrift:	Formuliere eine Überschrift der Fabel.
Anfang:	Überlege dir genau den ersten Satz, denn der ist immer sehr wichtig.
Namen:	In Fabeln werden die Tiere als *Storch, Fuchs, Löwe, Maus*, … bezeichnet, sie bekommen keine Eigennamen.
Wörtliche Rede:	Denke dir aus, was die Tiere in deiner Fabel sprechen.
Zeitformen:	Fabeln werden im Präteritum erzählt. Manchmal kannst du auch das Perfekt verwenden.
Satzanfänge:	Achte darauf, dass nicht alle Sätze mit dem gleichen Wort anfangen. Das finden die Leser manchmal langweilig. Verwende auch Wörter wie *dann, diesmal, auf einmal, aber,* …
Länge des Textes:	Entscheide, wie lang deine Fabel sein soll. Die meisten Fabeln sind recht kurze Texte!
Lehre:	Schreibe am Schluss auf, was man aus der Fabel lernen kann.

1 Schreibe die Fabel vom Fuchs und vom Storch nach den Bildern auf Seite 120. Beachte die Tipps im Kasten. Du kannst die wörtlichen Reden in den Sprechblasen verwenden. Du kannst dir auch eigene ausdenken. Deine Fabel könnte so beginnen:
Der Fuchs traf den Storch auf einer Wiese. Er sprach zu ihm …

2 Wenn ihr eure Fabeln nun geschrieben habt,
solltet ihr sie in einer Schreibkonferenz miteinander besprechen.
Dort erfahrt ihr nämlich,
ob die anderen auch alles verstanden haben,
ob sie etwas verbessern möchten
oder Fehler gefunden haben.
Wie ihr eine solche Schreibkonferenz
durchführen könnt, erfahrt ihr auf der nächsten Seite.

Schreibkonferenz: Texte besprechen

Wie ihr eure Fabeln in einer Schreibkonferenz besprechen könnt,
seht ihr hier an einem Beispiel.
Die Kinder haben sich in Tischgruppen zusammengesetzt.
Jedes Kind hat die Fabel einer Schülerin kopiert vor sich liegen.
Die einzelnen Kinder haben einige Stellen markiert
und kleine Notizzettel an den Rand geklebt.
Auf ihnen steht, was sie daran loben und kritisieren.

Herr Klapper und Herr Listig
Es waren einmal ein Fuchs und ein Storch.
Herr Listig, der Fuchs, sagte zum Storch:
„Herr Klapper, ich möchte Sie einmal zum Essen einladen."
Der Storch sagte: „Vielen Dank für die Einladung!"
Als Herr Klapper am nächsten Tag zu Herrn Listig kam,
kriegte er einen flachen Teller mit Hühnersuppe.
„Lasst es Euch schmecken!", sagte Herr Listig.
Aber der Storch konnte von dem Teller nichts essen
und musste hungrig nach Hause gehen.
Drei Tage später lädt der Storch den Fuchs zum Essen ein.
Er stellt zwei große Flaschen mit Froschschenkelsuppe hin.
Er steckt dann seinen Schnabel hinein und fängt an zu fressen.
Er sagt listig zum Fuchs: „Lasst es Euch schmecken!"
Der Fuchs konnte aber an das Fressen nicht heran
und ging hungrig nach Hause.
Der Storch rief dem Fuchs noch nach:
„Vor drei Tagen haben Sie mich reingelegt.
Aber reinlegen, das kann ich auch!"

Das fängt ja wie ein Märchen an!

In einer Fabel haben die Tiere keine Namen!

Die wörtlichen Reden sind gut!

Warum konnte er nichts essen?

Das ist ja jetzt Präsens Aber Fabeln stehen im Präteritum!

Immer Er, Er, Er! Bisschen abwechseln!

Der Schluss ist super!

Hier fehlt ja die Lehre!

---

1 Schaut euch die Fabel genau an. Zu welchen Stellen der Fabel
haben die Kinder etwas aufgeschrieben?
Manche sind markiert, manche nicht.
Sucht die Stellen im Text, die gelobt und kritisiert wurden.

2 Überarbeite diese Fabel. Berücksichtige dabei, was die Kinder
dazu geschrieben haben.

3 Lest euch eure Texte gegenseitig vor.

Eine Geschichte zu einer Fabel umschreiben

Der Kleine und der Große

Ein dünnes, kleines Kerlchen und ein dicker Großer gerieten sich
darüber in die Haare, wer von beiden schneller laufen könne.
Als sie lange genug gestritten hatten, legten sie ein Ziel fest.
Bis zum Parktor wollten sie am nächsten Morgen laufen.
Ein guter Bekannter des Kleinen besaß aber einen
Kiosk. Der Kleine sagte zu ihm: „Morgen früh wird so
ein großer Dicker bei dir vorbeilaufen. Wenn er kommt,
dann schrei ganz laut: „Pommes mit Ketchup!"
Am nächsten Morgen rannten die beiden los.
Der Große hatte bald einen riesigen Vorsprung.
Als er am Kiosk vorbeikam, hörte er eine laute Stimme
rufen: „Pommes mit Ketchup!"
Weil er ganz sicher war, dass er gewinnen würde,
bestellte er eine Tüte Pommes und aß sie in aller Ruhe auf.
Davon wurde er müde und merkte nicht,
dass der Kleine an ihm vorbeirannte.
Als der Dicke am Ziel ankam, war der Dünne schon da.
Er lachte den Dicken aus und sagte: …

1 Daraus soll nun eine Fabel werden!
- Schreibt Tiernamen an die Tafel, die zu den Personen
  passen könnten. Jetzt kann sich jeder davon drei aussuchen.
- Welche Tiere willst du für den Kleinen und den Großen einsetzen?
  Und welches Tier für den Bekannten? Denke daran:
  Auch der Kleine muss ziemlich gut laufen können!
- Für den Kiosk musst du dir natürlich etwas ausdenken,
  was zu Tieren passt.
- Da Tiere keine Pommes mögen, muss der Große
  etwas anderes fressen, was ihm gut schmeckt.
- Den Schluss musst du dir selbst ausdenken.

Eine Fabel planen, entwerfen, überarbeiten und präsentieren

(1) **Planen:** Besprecht gemeinsam, wie ihr diese Fabel aufschreiben könnt. Notiert euch Stichwörter.

(2) **Entwerfen:** Schreibe einen Entwurf zu deiner Fabel auf ein Blatt Papier. Beachte die Tipps auf Seite 123. Schreibe deutlich, damit es andere lesen können. Lass einen breiten Rand auf deinem Blatt. Deine Fabel könnte so anfangen:

Ein Pferd, das auf einer Wiese weidete,
sah einen starken Löwen herankommen. …

(3) **Besprechen:** Besprecht eure Fabel-Entwürfe in einer Schreibkonferenz.

(4) **Überarbeiten:** Überarbeite deine Fabel. Schreibe sie gut leserlich und fehlerfrei auf. Du kannst sie auch auf dem Computer schreiben.

(5) **Präsentieren:** Lest euch eure Fabeln gegenseitig vor. Sammelt sie in einem gemeinsamen Fabelbuch oder heftet sie an die Wandtafel.

● Textentwürfe überarbeiten
● Gestalten und präsentieren der überarbeiteten Texte

▶ Arbeitsheft: Seite 48–50
▶ Forderkartei: Nr. 99

Geschichten nach Vorgaben schreiben

Ein Schreibspiel mit sieben Satzanfängen

Gestern war …

Ich war froh, dass …

Dabei …

Zuletzt …

Trotzdem …

Hier konnte …

Plötzlich …

1 Schreibe mit diesen sieben Satzanfängen eine Geschichte,
die aus sieben Sätzen besteht.
Die Reihenfolge der Satzanfänge bestimmst du selbst.
Benutze das Präteritum.

Wünsch dir was! – Geschichten für andere schreiben

2 Zwei Kinder arbeiten zusammen.
Jeder soll eine Geschichte für den anderen schreiben.
Ihr müsst euch aber vorher gegenseitig erzählen,
was in der Geschichte vorkommen soll.
Dann erfindet ihr aus den Ideen und Vorschlägen des anderen
eine Geschichte und schreibt sie auf.

Also, ich wünsche mir von dir eine Geschichte, in der ein Junge vorkommt, der einen Hund hat …

… und es soll keine Quatschgeschichte werden …

Stopp, ich habe schon eine gute Idee!

… und der Hund soll dem Jungen das Leben retten ….

Und ich wünsche mir von dir eine Geschichte, in der …

● Eine Geschichte nach Anregungen schreiben
● Satzanfänge auswählen
● Für andere schreiben

▶ Arbeitsheft: Seite 55
▶ Forderkartei: Nr. 101, 102

127

Gemeinsam Geschichten schreiben

**Eine Geschichte aus schönsten Sätzen –
ein Schreibspiel für vier Personen**

Es ist so weit!
Wir fliegen.
Wir fliegen auf dem Rücken eines Adlers.
Wie schön das ist!
Wir fliegen über hohe Berge.

- Sucht euch in eurer Gruppe ein Bild aus.
- Jedes Kind schreibt jetzt zu diesem Bild
  fünf Sätze auf einen Zettel
  – jeden Satz in eine Zeile.
- Legt danach die Zettel in die Tischmitte,
  sodass jedes Kind sie lesen kann.
- Jedes Kind nimmt einen zweiten Zettel und schreibt die Geschichte
  noch einmal – diesmal **acht** Sätze. Du darfst nur Sätze schreiben,
  die schon auf den Zetteln stehen, die auf dem Tisch liegen.
- Suche dir die Sätze aus, die dir am besten gefallen.
- Wichtigste Regel dabei:
  Einer dieser Sätze muss in der Geschichte **dreimal** vorkommen.

Hier ist ein Beispiel:
Ein Kind hat zuerst
auf den Zettel oben
fünf Sätze geschrieben.
Auf den Zettel unten
hat es dann acht Sätze
geschrieben.
Einige sind von ihm
selbst, einige hat es
von anderen Zetteln
abgeschrieben.

Es ist so weit!
Wir fliegen.
So schön wie Fliegen ist sonst nichts.
Wir fliegen auf dem Rücken eines Adlers.
Wir fliegen über hohe Berge.
So schön wie Fliegen ist sonst nichts.
So schön wie Fliegen ist sonst nichts.
Und Mama bleibt zu Hause.

Ein Rondell schreiben

Freundschaftsrondell

① Lina will nicht mehr meine Freundin sein.
② Sie sagt, ich bin gemein zu ihr.
③ Das finde ich nicht so gut.
④ Manchmal möchte ich auch mit Anne spielen.
⑤ Oder mit Tom.
⑥ Dann ist Lina sauer auf mich.
⑦ Das finde ich nicht so gut.
⑧ Das finde ich nicht so gut.

1 Lies das Rondell und finde heraus, wie es aufgebaut ist.

2 Du könntest auch so ein Rondell schreiben, in dem steht,
was du bei deinen Freunden gut oder nicht so gut findest.

Die Kinder aus der Klasse 4b haben Schlagzeilen aus der Zeitung
ausgeschnitten, die sie besonders interessant fanden.
Damit haben sie Rondelle geschrieben.

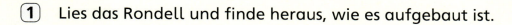

Zirkus sucht Artisten

Katze von Feuerwehr gerettet

Heute alles im Angebot

Ufo gesichtet

Löwe ausgebrochen

3 Schreibe mit einer Schlagzeile ein Rondell.

4 Suche selbst in der Zeitung
nach geeigneten Schlagzeilen.

Nachricht

① Hast du schon gehört?
② Löwe ausgebrochen.
③ Die Menschen haben Angst.
④ Löwe ausgebrochen.
⑤ Kinder, bleibt zu Hause!
⑥ Schließt alle Türen!
⑦ Löwe ausgebrochen.
⑧ Der Tierfänger ist schon unterwegs.

Eine Bildergeschichte schreiben und überarbeiten

Diese Bildergeschichte kann an zwei Stellen beginnen.
Dann werden zwei ganz verschiedene Geschichten daraus.

1. **Planen**
   • Wie soll die Geschichte enden?
   • Wie soll das Kind heißen?
   • Was denkt und fühlt es?
   • Was passiert in der Geschichte?
   • Schreibe deine Ideen in Stichwörtern auf.

2. **Schreiben**
   Schreibe nun deine Geschichte auf. Benutze deine Planung.
   Überlege dir am Schluss eine passende Überschrift.

3. **Überarbeiten**
   Lies dir deine Geschichte leise selbst vor
   oder arbeite mit einem anderen Kind zusammen.
   Diese Fragen können bei der Überarbeitung helfen:
   • Ist die Geschichte verständlich?
   • Sind alle wichtigen Zusammenhänge aufgeschrieben?
   • Sind die Wörter passend oder gibt es treffendere?
   • Sind die Satzanfänge abwechslungsreich?
   • Macht es Spaß, die Geschichte zu lesen?

4. Verbessere nun, was dir nicht gefällt.

130

• Zu einer Bildergeschichte schreiben und sie überarbeiten ▶ Das Fahrrad und andere Erfindungen: Seite 38–45 ▶ Arbeitsheft: Seite 56, 57, 60, 61 ▶ Forderkartei: Nr. 47, 48

Einen Unfallbericht schreiben

Hanna erzählt:

Ich bin mit meinem Fahrrad auf dem Radweg die Gartenstraße entlanggefahren. Plötzlich habe ich mich erschrocken, weil mich ein Radfahrer überholt hat. Dadurch kam ich ins Straucheln und bin nach links gekippt. Ich bin hingestürzt, mein Knie und mein rechter Ellenbogen haben geblutet. Der Lenker und das Vorderrad waren verbogen. Der Junge soll mir den Schaden bezahlen.

Luca erzählt:

Ich bin mit meinem Fahrrad die Gartenstraße entlanggefahren. Vor mir fuhr ein Mädchen freihändig und mit Knöpfen im Ohr. Sie hatte bestimmt Musik an und hat deshalb mein Klingeln nicht gehört. Als ich sie überholt habe, hat sie sich erschrocken und ist auf meine Seite gekommen. Sie rempelte mich an und stürzte hin. Ich konnte mich gerade noch auf dem Rad halten. Ich hielt an und wollte ihr helfen. Sie war verletzt und ihr Fahrrad war kaputt. Sie sagte, ich sei schuld.

1. Luca und Hanna berichten über denselben Unfall. Sprecht über die beiden Berichte.

2. Was meint ihr, welches Kind Schuld hat? Begründet eure Meinung.

3. Schreibe einen Unfallbericht.
   Diese Fragen müssen in dem Bericht sachlich beantwortet werden:
   - Was ist passiert?
   - Wer war beteiligt?
   - Wann ist es passiert?
   - Wo ist es passiert?
   - Was waren die Folgen?

4. Hast du auch schon einen Unfall miterlebt? Verfasse darüber einen Unfallbericht.

- Einen Sachverhalt beschreiben
- Sich eine Meinung bilden und sie begründen
▶ Das Fahrrad und andere Erfindungen: Seite 38–45
▶ Arbeitsheft: Seite 37, 38
▶ Förderheft: Seite 54
▶ Forderkartei: Nr. 106

131

Texte zusammenfassen

Sophie hat über ein Ritterprojekt einen kleinen Bericht
für die Klassenzeitung geschrieben.

Unsere Klasse 4a hat sich schon lange gewünscht,
einmal etwas über Ritter zu erfahren.
Wir wussten schon einiges. Aber dann wollten wir
in Büchern noch mehr über die Ritterzeit lesen.
Da hat unsere Lehrerin vorgeschlagen,
ein Ritterprojekt zu machen.
Die Ergebnisse wollten wir dann
anderen Klassen vorstellen.

Gemeinsam haben wir alles gesammelt,
was wir über das Leben der Ritter schon wussten:
wie sie lebten, wie schwer ihre Ritterrüstungen waren,
welche Aufgaben die Frauen damals
auf einer Ritterburg hatten und was ein Narr ist.
Viele wussten etwas zu erzählen
und manche brachten Bücher
über Ritter mit in die Schule.

In vier Gruppen führten wir dann
verschiedene Aufgaben durch.
Die eine Gruppe baute eine Ritterburg,
eine andere bastelte Ritterhelme
und Spitzhüte für die Frauen,
eine dritte schrieb auf,
was ein Bader früher so machte,
und die vierte Gruppe suchte
nach Spielen, die die Ritter früher spielten.
Am Schluss haben wir alles anderen Klassen vorgestellt.

1 Dieser Bericht ist Sophie leider etwas zu lang geraten.
Sie muss ihn kürzen und zusammenfassen.
Überlegt gemeinsam, was ihr weglassen könntet.

- Textentwürfe überarbeiten
- Zentrale Aussagen von
  Texten zusammenfassen

▶ Von Rittern und Burgen: Seite 46–53
▶ Medien – lesen, hören, sehen:
  Seite 58

2 Beantwortet zuerst einmal die Fragen:
Was haben sich die Kinder gewünscht?
Wie haben sie ihr Projekt vorbereitet?
Was haben die einzelnen Gruppen gemacht?
Und was geschah am Ende?

> Was man bei einer **Zusammenfassung** beachten muss:
> * *weglassen, was für den Leser nicht unbedingt notwendig ist,*
> * *nichts mehrere Male schreiben,*
> * *das Wichtigste kurz wiedergeben.*

3 Fasse die drei Absätze des Berichts in wenigen Sätzen zusammen.
Die Absätze könnten so anfangen:
Unsere Klasse 4a wünschte sich, etwas über Ritter zu erfahren. ...
Gemeinsam sammelten wir ...
In Gruppenarbeit bauten wir ...

4 Lest euch eure Zusammenfassungen gegenseitig vor.
Achtet darauf, ob sie das Wichtigste enthalten –
und doch nicht zu lang sind.

Ein Schüler hat seine Zusammenfassung so geschrieben:
Unsere Klasse 4a hat ein Ritterprojekt gemacht.
Am Schluss haben wir die Ergebnisse
den anderen Klassen vorgestellt.

5 Sprecht über die Meinung des Schülers.

▶ Forderkartei: Nr. 103, 104

133

Briefe schreiben

① Suche dir aus Büchern, Geschichten, Kinderzeitungen, Hörbüchern, DVDs, Filmen oder Kindersendungen eine Figur aus, die dich besonders interessiert. Schreibe den Namen auf einen Zettel.

② Heftet eure Zettel an die Tafel.

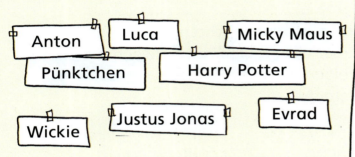

Anton · Luca · Micky Maus · Pünktchen · Harry Potter · Wickie · Justus Jonas · Evrad

> *Liebe Pünktchen,*
> *ich heiße Emma. Ich kenne dich aus dem Buch „Pünktchen und Anton".*
> *Ich habe eine Frage an dich. Hoffentlich kannst du sie beantworten.*
> *Es gefällt mir, dass du jetzt die Freundin von Anton bist. Aber was machst du denn so den ganzen Tag, wenn deine Eltern nie da sind?*
> *Ich bin auch immer viel allein. Schreib mir doch mal.*
> *Deine Emma*

③ Suche dir eine Figur aus und schreibe ihr einen Brief. Du kannst schreiben:
- was du an ihr besonders magst,
- was du von ihr wissen willst,
- was du gut an ihr findest,
- was dir an ihr nicht so gut gefällt.

④ Lest euch eure Briefe gegenseitig vor und heftet sie an die Tafel.

⑤ Jedes Kind nimmt sich nun einen Brief von der Tafel und beantwortet ihn.

> *Liebe Emma,*
> *ich habe mich sehr über deinen Brief gefreut, weil ich schon lange keine Post mehr bekommen habe. …*
> *…*

⑥ Wie könnte der Brief weitergehen?

Texte veröffentlichen

Wenn du einen Text veröffentlichen willst,
kannst du so vorgehen:

1. Zuerst solltest du dir eine Form der Veröffentlichung überlegen:
   Willst du ein Buch daraus machen
   oder ein Plakat oder etwas ganz anderes?
   Ideen dafür findest du in der Tabelle in der oberen Zeile.

2. Nun kannst du Schritt für Schritt deinen Text gestalten.
   Anregungen dazu findest du in den Spalten unten.

einen Text vorlesen	ein Plakat erstellen	ein Buch schreiben	eine Buchseite gestalten	einen Text verschenken
• Betonungs-zeichen setzen • laut lesen	• den Text in Abschnitte einteilen • Überschriften für die Abschnitte finden		• besonderes Papier und Schreibwerkzeug aussuchen	
• passende Geräusche zum Text erfinden, vielleicht mit anderen Kindern zusammen	abschreiben: • Linien ziehen oder Linienblatt unterlegen • in deutlicher Schrift schreiben • den ganzen Text oder Teile des Textes mit dem Computer schreiben • Überschriften besonders gestalten			
• Endfassung lesen üben	Illustration: • den Rand gestalten und verzieren • passende Bilder selbst zeichnen oder ausschneiden • Fotos einkleben			
• Zuhörer finden • Vorlesetermin vereinbaren und einhalten	• passenden Ort für das Plakat suchen • Plakat aufhängen	• Buch binden (heften, klammern, ...) • Leporello falten	• die Seite mit den anderen Seiten zu einem Buch binden	• als Geschenk verpacken • das Geschenk übergeben

• Schreibprodukte geordnet festhalten
► Medien – lesen, hören, sehen: Seite 61
► Jahreszeiten, Feste und Feiern: Seite 64

Wörterliste

A a

ab
ab|bei|ßen
  beißt ab
ab|bre|chen
  bricht ab
ab|bren|nen
Abend, der
aber
Ab|fluss, der
  die Ab|flüs|se
ab|küh|len
  kühlt ab
Ab|küh|lung, die
acht
Ach|sel, die
Af|fe, der
  die Af|fen
ähn|lich
Al|bum, das
  die Al|ben
al|le
al|lein
als
al|so
alt
  äl|ter, am
  äl|tes|ten
Am|pel, die
an|de|re
an|ders
An|fang, der
  die An|fän|ge
an|fan|gen
an|fas|sen
an|ge|ben
Angst, die
ängst|lich

an|na|geln
an|nä|hen
an|neh|men
an|schau|en
an|stren|gend
Ant|wort, die
  die Ant|wor|ten
ant|wor|ten
  ant|wor|tet
an|zie|hen
  zieht an
Ap|fel, der
  die Äp|fel
Ap|fel|si|ne, die
Ap|pe|tit, der
Ap|ril, der
Aqua|ri|um, das
Ar|beit, die
ar|bei|ten
  ar|bei|tet
Är|ger, der
är|gern, sich
  är|gert
Arm, der
  die Ar|me
arm
  är|mer,
  am ärms|ten
Arm|band, das
Arzt, der
  die Ärz|te
Ärz|tin, die
  die Ärz|tin|nen
Ass, das
Ast, der
  die Äs|te
auch
auf
auf ein|mal

auf|fal|len
auf|fan|gen
auf|for|dern
Auf|ga|be, die
  die Auf|ga|ben
auf|hei|tern
Auf|hei|te|rung, die
auf|hö|ren
  hört auf
auf|pas|sen
  passt auf
auf|re|gen, sich
Auf|satz, der
  die Auf|sät|ze
auf|ste|hen
Au|ge, das
  die Au|gen
Au|gust, der
aus
aus|la|chen
aus|sä|gen
aus|se|hen
au|ßer
au|ßer|dem
aus|su|chen, sich
Aus|weis, der
  die Aus|wei|se
aus|zie|hen
Au|to, das
  die Au|tos

B b

Ba|by, das
  die Ba|bys
Bach, der
  die Bä|che

Ba|cke, die
  die Ba|cken
ba|cken
  bäckt, *auch:*
  backt
Bad, das
  die Bä|der
ba|den
  ba|det
Bahn, die
  die Bah|nen
bald
Ball, der
  die Bäl|le
Band, das
  die Bän|der
Bank, die
  die Bän|ke
Bär, der
  die Bä|ren
bas|teln
  bas|telt
Bauch, der
  die Bäu|che
bau|en
  baut
Baum, der
  die Bäu|me
bei|de
Bein, das
  die Bei|ne
bei|ste|hen
bei|ßen
  beißt, biss,
  ge|bis|sen
be|kämp|fen
  be|kämpft
be|kom|men
  be|kommt

bel|len
bellt
be|lü|gen
be|lügt
be|nö|ti|gen
be|nö|tigt
be|ob|ach|ten
be|ob|ach|tet
Berg, der
die Ber|ge
Be|ruf, der
die Be|ru|fe
be|schränkt
be|schüt|zen
be|schützt
be|sich|ti|gen
be|sich|tigt
be|son|ders
be|sor|gen
be|sorgt
bes|ser
am bes|ten
be|steh|len
be|stiehlt
be|stimmt
Be|such, der
be|su|chen
Bett, das
die Bet|ten
bet|teln
bet|telt
be|wa|chen
bewacht
be|wei|sen
be|weist
be|wöl|ken
be|wölkt
Be|wöl|kung, die

be|zah|len
be|zahlt
bie|gen
biegt, bog,
ge|bo|gen
Bie|ne, die
die Bie|nen
Bild, das
die Bil|der
bil|lig
bin
ich bin
Bir|ne, die
die Bir|nen
bis
ein biss|chen
Bis|sen, der
bis|sig
bit|ten
bit|tet, bat,
ge|be|ten
bit|ter
bla|sen
bläst
blass
Blatt, das
die Blät|ter
blau
Blech, das
die Ble|che
blei|ben
bleibt
Blei|stift, der
die Blei|stif|te
blind
blin|zeln
blin|zelt

Blitz, der
die Blit|ze
blit|zen
blitzt
blond
bloß
blü|hen
blüht
Blu|me, die
die Blu|men
Blut, das
Blü|te, die
blu|tig
bo|ckig
Boh|ne, die
die Boh|nen
Bon|bon, das, der
die Bon|bons
Boot, das
die Boo|te
bö|se
bo|xen
boxt
brau|chen
braucht
braun
brau|sen
braust
bre|chen
bricht, brach,
ge|bro|chen
breit
brei|ter,
am brei|tes|ten
Brem|se, die
die Brem|sen
brem|sen
bremst

bren|nen
brennt, brann|te,
ge|brannt
Brief, der
die Brie|fe
Bril|le, die
die Bril|len
brin|gen
bringt, brach|te,
ge|bracht
Brot, das
die Bro|te
Brü|cke, die
die Brü|cken
Bru|der, der
die Brü|der
brül|len
brüllt
brum|men
brummt
brum|mig
Buch, das
die Bü|cher
Büchse, die
bü|cken
bunt
Bunt|stift, der
die Bunt|stif|te
Burg, die
die Bur|gen
Bus, der
die Bus|se
Busch, der
die Bü|sche
bü|ßen
büßt
But|ter, die

C c

Co|mic, der
Com|pu|ter, der
cool
  coo|ler
  am cools|ten
Cou|sin, der
Cou|si|ne, die

D d

da
da|bei
Dach, das
  die Dä|cher
Dachs, der
Da|ckel, der
  die Da|ckel
da|für
da|ge|gen
da|mals
Da|me, die
  die Da|men
da|mit
däm|lich
da|nach
dank|bar
dan|ken
  dankt
dann
da|rauf, dar|auf,
da|rüber, dar|über,
da|rum, dar|um
Dau|men, der
  die Dau|men
da|von

da|vor
da|zu
De|cke, die
  die De|cken
dein, dei|ne
den|ken
  denkt, dach|te,
  ge|dacht
denn
des|halb
deut|lich
  deut|li|cher,
  am deut|lichs|ten
De|zem|ber, der
dich
dicht
dick
  di|cker,
  am dicks|ten
dick|köp|fig
Dieb, der
  die Die|be
Dieb|stahl, der
Diens|tag, der
Dik|tat, das
  die Dik|ta|te
dik|tie|ren
Ding, das
dir
Dis|tel, die
  die Dis|teln
Don|ners|tag, der
dort
dö|sen
  döst
Draht, der
  die Dräh|te
drau|ßen

Dreck, der
dre|ckig
drei
drin|nen
dro|hen
  droht
drü|ben
dumm
  düm|mer,
  am dümms|ten
dün|gen
  düngt
dun|kel
  dunk|ler,
  am dun|kels|ten
dünn
durch
dür|fen
  darf, durf|te
Durst, der
durs|tig

E e

echt
Ech|se, die
Ecke, die
eckig
egal
Ehe, die
ehr|lich
Ei, das
  die Ei|er
Ei|dech|se, die
ei|gen
ei|gent|lich
Ei|le, die

ei|lig
ein, ei|ne
ein|fach
ei|ni|ge
ei|ni|gen, sich
ein|kau|fen
ein|la|den
  lädt ein
ein|mal
ein|pa|cken
  packt ein
eins
ein|sam
ein|trü|ben
Ein|trü|bung, die
ein|wi|ckeln
  wi|ckelt ein
Eis, das
Ei|sen, das
  die Ei|sen
ei|sig
ek|lig
El|tern, die
En|de, das
  zu En|de
end|lich
eng
ent|de|cken
  ent|deckt
En|te, die
  die En|ten
ent|schul|di|gen, sich
Ent|schul|di|gung,
  die
ent|täu|schen
  ent|täuscht
Erd|bee|re, die
  die Erd|bee|ren

Er|de, die
er|fin|den
  er|fin|det
er|fin|de|risch
er|ge|ben
  er|gibt
Er|geb|nis, das
er|käl|ten, sich
  er|käl|tet
Er|käl|tung, die
er|klä|ren
  er|klärt
Er|leb|nis, das
  die Er|leb|nis|se
ernst
er|schre|cken
  er|schreckt,
  er|schreck|te,
  er|schro|cken
er|wär|men
  er|wärmt
Er|wär|mung, die
er|zäh|len
  er|zählt
es
es|sen
  isst, aß,
  ge|ges|sen
Es|sen, das
Ess|löf|fel, der
Etui, das
  die Etuis
et|was
euch
Eu|le, die

F f

Fa|bel, die
  die Fa|beln
fah|ren
  fährt, fuhr,
  ge|fah|ren
Fahr|rad, das
  die Fahr|rä|der
fair
fal|len
  fällt, fiel,
  ge|fal|len
falsch
Fa|mi|lie, die
  die Fa|mi|li|en
fan|gen
  fängt, fing,
  ge|fan|gen
Far|be, die
far|big
farb|lich
Fass, das
  die Fäs|ser
fas|sen
  fasst, fass|te,
  ge|fasst
faul
Fe|bru|ar, der
  auch: der
  Feb|ru|ar
Fe|der, die
  die Fe|dern
Fee, die
feh|len
  fehlt
Feh|ler, der
  die Feh|ler

fei|ern
  fei|ert
Feind, der
  die Fein|de
feind|lich
Feld, das
  die Felder
Fell, das
  die Fel|le
Fels, der
  die Fel|sen
Fens|ter, das
  die Fens|ter
Fe|ri|en, die
Fer|kel, das
  die Fer|kel
fern|se|hen
Fern|se|her, der
fer|tig
fes|seln
  fes|selt
Fest, das
  die Fes|te
fest
  fes|ter,
  am fes|tes|ten
Feu|er, das
  die Feu|er
fies
Filz|stift, der
  die Filz|stif|te
fin|den
  fin|det, fand,
  ge|fun|den
Fin|ger, der
  die Fin|ger
Fisch, der
  die Fi|sche
Fla|sche, die

flech|ten
  flicht, flocht,
  ge|floch|ten
Fleiß, der
flei|ßig
  flei|ßi|ger,
  am fleißigs|ten
flie|gen
  fliegt, flog,
  ge|flo|gen
flie|hen
  flieht, floh,
  ge|flo|hen
flie|ßen
  fließt, floss,
  ge|flos|sen
flit|zen
  flitzt
Floh, der
  die Flö|he
Flos|se, die
  die Flos|sen
Floß, das
  die Flö|ße
Flug, der
  die Flü|ge
Flü|gel, der
Flug|zeug, das
Fluss, der
  die Flüs|se
flüs|sig
Flüs|sig|keit, die
flüs|tern
  flüs|tert
fort
Fra|ge, die
fra|gen
  fragt, frag|te,
  ge|fragt

Frat|ze, die
 die Frat|zen
Frau, die
 die Frau|en
Fräu|lein, das
 die Fräu|lein
frech
 fre|cher,
 am frechs|ten
frei
Frei|tag, der
fremd
fres|sen
 frisst, fraß,
 ge|fres|sen
Freu|de, die
freu|en, sich
freu|dig
Freund, der
 die Freun|de
Freun|din, die
 die Freun|din|nen
freund|lich
frie|ren
 friert, fror,
 ge|fro|ren
froh
fröh|lich
Frost, der
fros|tig
früh
frü|her
Früh|ling, der
Früh|stück, das
früh|stü|cken
 früh|stückt
Fuchs, der
 die Füch|se

füh|len
 fühlt
Füh|ler, der
Fül|ler, der
fünf
für
Fuß, der
 die Fü|ße
Fut|ter, das
füt|tern
 füt|tert
Fuß|ball, der
 die Fuß|bäl|le

G g

Ga|bel, die
 die Ga|beln
Gang|schal|tung,
 die
Gans, die
 die Gän|se
Gän|se|rich, der
ganz
gar nicht
gar nichts
Gar|ten, der
 die Gär|ten
Gast, der
 die Gäs|te
ge|ben
 gibt, gab,
 ge|ge|ben
Ge|biss, das
Ge|burts|tag, der
Ge|drän|gel, das
ge|fähr|lich

ge|fal|len
 ge|fällt, ge|fiel,
 ge|fal|len
Ge|fäß, das
Ge|fühl, das
 die Ge|füh|le
ge|gen|sei|tig
ge|gen|über
ge|heim
ge|hen
 geht, ging,
 ge|gan|gen
ge|hö|ren
 ge|hört
Geiz, der
gei|zig
Ge|län|der, das
gelb
Geld, das
 die Gel|der
ge|mein
ge|mein|sam
ge|müt|lich
ge|nau
ge|nie|ßen
 ge|nießt, ge|noss,
 ge|nos|sen
ge|nug
Ge|päck|trä|ger,
 der
ge|ra|de
ge|rin|gelt
gern
Ge|schäft, das
 die Ge|schäf|te
Ge|schenk, das
 die Ge|schen|ke
Ge|schich|te, die
 die Ge|schich|ten

ge|schickt
Ge|sicht, das
 die Ge|sich|ter
Ge|spenst, das
 die Ge|spens|ter
ge|spens|tisch
ges|tern
ge|sund
Ge|wäs|ser, das
 die Ge|wäs|ser
ge|win|nen
 ge|winnt,
 ge|wann,
 ge|won|nen
Ge|wit|ter, das
ge|wohnt
gie|ßen
 gießt, goss,
 ge|gos|sen
Gift, das
gif|tig
Gi|raf|fe, die
 die Gi|raf|fen
Glas, das
 die Glä|ser
glatt
Glat|ze, die
glau|ben
 glaubt
gleich
Glo|cke, die
 die Glo|cken
Glück, das
glück|lich
glü|hen
 glüht
grab|beln
 grab|belt

gra|ben
  gräbt, grub,
  ge|gra|ben
Gras, das
  die Grä|ser
gra|sen
  grast
gra|tu|lie|ren
  gra|tu|liert
grau
Gren|ze, die
grin|sen
  grinst
grob
  grö|ber,
  am gröbs|ten
groß
  grö|ßer,
  am größ|ten
grün
Grup|pe, die
gru|se|lig
Gruß, der
  die Grü|ße
grü|ßen
  grüßt
gu|cken
  guckt
Gum|mi, der, das
Gur|ke, die
  die Gur|ken
gut
  bes|ser,
  am bes|ten
  al|les Gu|te
Gü|te, die
gü|tig

H h

Haar, das
  die Haa|re
ha|ben
  hat, hat|te,
  ge|habt
Ha|fen, der
  die Hä|fen
Hahn, der
  die Häh|ne
Hai, der
halb
Hals, der
  die Häl|se
hal|ten
  hält, hielt,
  ge|hal|ten
Ham|mer, der
Hand, die
  die Hän|de
hän|gen
  hängt
harm|los
hart
Ha|se, der
has|sen
  hasst
Haus, das
  die Häu|ser
  das Häus|chen
  zu Hau|se sein
  mein Zu|hau|se
Haut, die
  die Häu|te
he|ben
  hebt, hob,
  ge|ho|ben

Heft, das
  die Hef|te
Heim|weh, das
heiß
  hei|ßer,
  am hei|ßes|ten
hei|ßen
  heißt
hei|zen
  heizt
hel|fen
  hilft, half,
  ge|hol|fen
hell
Helm, der
Hemd, das
  die Hem|den
Hen|kel, der
  die Hen|kel
Hen|ne, die
her
he|rab, her|ab
he|rauf, her|auf
he|raus, her|aus
he|rein, her|ein
Herbst, der
Herd, der
  die Her|de
herr|lich
herr|schen
  herrscht
he|rum,
  her|um
he|run|ter,
  her|un|ter
her|vor
Herz, das
  die Her|zen

herz|lich
het|zen
heu|len
  heult
heu|te
He|xe, die
hier
Hil|fe, die
Him|mel, der
hin
hi|nab, hin|ab
hi|nauf, hin|auf
hi|naus, hin|aus
hi|nein, hin|ein
hin|fal|len
  fällt hin, fiel hin,
  hin|ge|fal|len
hin|ken
  hinkt
hin|ter
hin|ter|her
Hin|ter|rad, das
hi|nun|ter,
  hin|un|ter
Hit|ze, die
ho|beln
  ho|belt
hoch
  hö|her,
  am höchs|ten
hof|fen
  hofft
hof|fent|lich
Hö|he, die
ho|len
  holt, hol|te,
  ge|holt
Holz, das

hop|peln
  hop|pelt
hö|ren
  hört
Ho|se, die
  die Ho|sen
Huf, der
  die Hu|fe
Huhn, das
  die Hüh|ner
Hum|mel, die
  die Hum|meln
Hund, der
  die Hun|de
Hün|din, die
Hun|ger, der
hung|rig
hüp|fen
  hüpft
Hut, der
  die Hü|te

I i

Igel, der
  die Igel
ihm
ihn, ih|nen
ihr, ih|ren
im
im|mer
In|ter|net, das
In|ter|view, das
ir|gend|ei|ner
ir|gend|et|was
ir|gend|wie
ir|gend|wo

J j

Ja|cke, die
  die Ja|cken
Jahr, das
  die Jah|re
jam|mern
  jam|mert
Ja|nu|ar, der
Jeans, die
je|de, je|der
je|den|falls
je|mand
jetzt
Jo|ghurt, der, das
  auch: der Jo|gurt
jong|lie|ren
  jong|liert
  auch: jon|glie|ren
ju|cken
  juckt
Ju|li, der
jung
  jün|ger,
  am jüngs|ten
Jun|ge, der
  die Jun|gen
Ju|ni, der

K k

Kä|fer, der
  die Kä|fer
Kaf|fee, der
Kai|ser, der
Ka|ka|du, der
  die Ka|ka|dus
Ka|kao, der

Ka|len|der, der
kalt
  käl|ter,
  am käl|tes|ten
Käl|te, die
Ka|me|ra, die
  die Ka|me|ras
Kamm, der
  die Käm|me
käm|men
  kämmt
Kampf, der
  die Kämp|fe
kämp|fen
  kämpft
ka|putt
Kas|se, die
  die Kas|sen
Kat|ze, die
  die Kat|zen
kau|fen
  kauft, du kaufst,
  kauf|te, ge|kauft
kaum
kein, kei|ne
Keks, der, das
ken|nen
  kennt, kann|te,
  ge|kannt
Kern, der
  die Ker|ne
Ker|ze, die
  die Ker|zen
Kes|sel, der
Ket|te, die
  die Ket|ten
ki|chern
  ki|chert

Kind, das
  die Kin|der
kind|lich
Kir|sche, die
  die Kir|schen
kit|zeln
  kit|zelt
kläf|fen
  kläfft
Klam|mer, die
  die Klam|mern
Klang, der
  die Klän|ge
klap|pern
  klap|pert
klar
Klas|se, die
  die Klas|sen
kle|ben
  klebt
kle|ckern
  kle|ckert
Klee, der
Kleid, das
  die Klei|der
klei|den,
  klei|det
klein
  klei|ner,
  am kleins|ten
klet|tern
  klet|tert
Klin|gel, die
klin|geln
  klin|gelt
klin|gen
  klingt
Kloß, der
  die Klö|ße

Klotz, der
 die Klöt|ze
klug
 klü|ger,
 am klügs|ten
knab|bern
 knab|bert
kna|cken
 knackt
knal|len
 knallt
Knap|pe, der
Knecht, der
knei|fen
 kneift, kniff,
 ge|knif|fen
Knie, das
kno|beln
 kno|belt
Knopf, der
 die Knöp|fe
knuf|fen
 knufft
ko|chen
 kocht
ko|misch
kom|men
 kommt, kam,
 ge|kom|men
Kö|nig, der
Kö|ni|gin, die
kön|nen
 kann
Kopf, der
 die Köp|fe
kos|ten
 kos|tet
krab|beln
 krab|belt

Krach, der
kräch|zen
 krächzt
Kraft, die
kräf|tig
Krä|he, die
 die Krä|hen
Kral|le, die
 die Kral|len
Kran, der
 die Krä|ne
krank
Kranz, der
 die Krän|ze
krat|zen
 kratzt
Kreis, der
 die Krei|se
Kreuz, das
 die Kreu|ze
krie|chen
 kriecht, kroch,
 ge|kro|chen
krie|gen
 kriegt
Krö|te, die
 die Krö|ten
Krug, der
 die Krü|ge
krumm
Ku|chen, der
Ku|gel, die
 die Ku|geln
Kuh, die
 die Kü|he
kühl
Kuh|le, die
Kunst, die
künst|lich

Kür|bis, der
 die Kür|bis|se
kurz
 kür|zer,
 am kür|zes|ten
Kuss, der
 die Küs|se
küs|sen
 küsst, küss|te,
 ge|küsst

L l

la|chen
 lacht
lä|cheln
 lä|chelt
Lachs, der
Laich, der
Land, das
 die Län|der
lang
 län|ger,
 am längs|ten
Lan|ge|wei|le, die
lang|sam
lang|wei|lig
Lan|ze, die
Lap|top, der
 die Lap|tops
las|sen
 lässt, ließ,
 ge|las|sen
Laub, das
lau|fen
 läuft, lief,
 ge|lau|fen

Laus, die
 die Läu|se
laut
 lau|ter,
 am lau|tes|ten
le|ben
 lebt
Le|bens|raum, der
le|cken
 leckt
le|cker
leer
le|gen
 legt
Leh|rer, der
Leh|re|rin, die
 die Leh|re|rin|nen
leicht
 leich|ter,
 am leich|tes|ten
lei|der
lei|se
 lei|ser,
 am lei|ses|ten
Len|ker, der
ler|nen
 lernt
Le|se|buch, das
 die Le|se|bü|cher
le|sen
 liest, las,
 ge|le|sen
letz|te, letz|ter
leuch|ten
 leuch|tet
Leu|te, die
Licht, das
 die Lich|ter

lieb
  lie|ber,
  am liebs|ten
Lie|be, die
lie|ben
  liebt
Lied, das
  die Lie|der
lie|gen
  liegt, lag,
  ge|le|gen
links
Lip|pe, die
Li|ter, der, das
lo|ben
  lobt
Loch, das
  die Lö|cher
Lo|cke, die
  die Lo|cken
lo|ckig
Löf|fel, der
los
Los, das
  die Lo|se
lö|sen
  löst
los|las|sen
Lö|we, der
  die Lö|wen
Luchs, der
Lü|cke, die
  die Lü|cken
Luft, die
lü|gen
  lügt, log,
  ge|lo|gen
Lust, die

lus|tig
  lus|ti|ger,
  am lus|tigs|ten

M m

ma|chen
  macht
Mäd|chen, das
  die Mäd|chen
Mahl, das
Mai, der
Mais, der
ma|len
  malt
man|che
manch|mal
Mann, der
  die Män|ner
Man|tel, der
  die Män|tel
Mar|ker, der
  die Mar|ker
Mar|mor, der
März, der
Ma|schi|ne, die
  die Ma|schi|nen
Ma|sern, die
Mas|ke, die
Matsch, der
mat|schig
Maul|wurf, der
  die Maul|wür|fe
Maus, die
  die Mäu|se
  das Mäus|chen
me|ckern
  me|ckert

Meer, das
  die Mee|re
Meer|schwein|chen,
  das
mehr
mein, mei|ne
meis|tens
Meis|ter, der
  die Meis|ter
mel|ken
  melkt
Me|lo|ne, die
  die Me|lo|nen
Mensch, der
  die Men|schen
mer|ken
  merkt
mes|sen
  misst, maß,
  ge|mes|sen
Mes|ser, das
  die Mes|ser
Me|ter, der, das
mich
Milch, die
Mind|map, die
mir
mit
mit|ei|n|an|der
mit|ma|chen
mit|neh|men
  nimmt mit,
  nahm mit,
  mit|ge|nom|men
Mit|tag, der
Mitt|woch, der
mo|dern
mö|gen
  mag, moch|te,
  ge|mocht

mög|lich
Mohn, der
Möh|re, die
Mohr|rübe, die
Mo|nat, der
Mond, der
Mon|tag, der
Moos, das
mor|gen
Mor|gen, der
Mü|cke, die
  die Mü|cken
mü|de
Mü|he, die
mu|hen
  muht
Mund, der
  die Mün|der
münd|lich
müs|sen
  muss, muss|te,
  ge|musst
Mut, der
mu|tig
  mu|tiger,
  am mu|tigs|ten
Mut|ter, die
  die Müt|ter
Müt|ze, die
  die Müt|zen

N n

nach
nach|den|ken
Nach|mit|tag, der
Nacht, die
  die Näch|te

na|geln
  na|gelt
nah
  nä|her,
  am nächs|ten
Nä|he, die
nä|hen
  näht
Nah|rung, die
Na|me, der
  die Na|men
näm|lich
Napf, der
  die Näp|fe
Na|se, die
  die Na|sen
nass
Na|tur, die
na|tür|lich
Ne|bel, der
neb|lig
ne|cken
  neckt
neh|men
  nimmt, nahm,
  ge|nom|men
ner|vös
nett
  net|ter,
  am net|tes|ten
Netz, das
  die Net|ze
neu
Neu|gier, die
neu|gie|rig
neun
nicht
nichts
ni|cken
  nickt

nie
nie|mals
nie|mand
nie|sen
  niest
noch
noch ein|mal
noch mal
No|vem|ber, der
nun
nur
Nuss, die
  die Nüs|se
nut|zen
  nutzt

O o

ob
oben
Obst, das
Och|se, der
oder
of|fen
oft
öf|ter
oh|ne
Ohr, das
  die Oh|ren
Ok|to|ber, der
Oma, die
  die Omas
On|kel, der
  die On|kel
Oran|ge, die
  die Oran|gen
or|dent|lich
Os|tern
Oze|an, der

P p

paar
  ein paar Blumen
Paar, das
  ein Paar Schuhe
pa|cken
  packt
Pa|ge, der
  die Pa|gen
Pa|pier, das
Pa|pri|ka, die
auch: Pap|ri|ka, die
auch: Paprika, der
Park, der
  die Parks
pas|sen
  passt, pass|te
Pau|se, die
Pe|dal, das
Pelz, der
pet|zen
  petzt
Pfan|ne, die
  die Pfan|nen
Pfau, der
  die Pfau|e
Pfef|fer|minz, das
pfei|fen
  pfeift, pfiff,
  ge|pfif|fen
Pfeil, der
  die Pfe|ile
Pferd, das
  die Pfer|de
Pfings|ten
Pfir|sich, der
  die Pfir|si|che
Pflan|ze, die
  die Pflan|zen

pflan|zen
  pflanzt
Pflau|me, die
  die Pflau|men
pfle|gen
  pflegt, pfleg|te
  ge|pflegt
Pflicht, die
  die Pflich|ten
pflü|cken
  pflückt, pflück|te,
  ge|pflückt
Pfo|te, die
  die Pfo|ten
Pfüt|ze, die
  die Pfüt|zen
Pin|sel, der
  die Pin|sel
plap|pern
  plap|pert
plär|ren
  plärrt
Platz, der
  die Plät|ze
plötz|lich
Po|ny, das
  die Po|nys
Post, die
pras|seln
  pras|selt
Preis, der
  die Prei|se
Prinz, der
  die Prin|zen
pro|ben
  probt
Pud|ding, der
Pu|del, der
puf|fen
  pufft

Pul|li, der
  die Pul|lis
Pul|lover, der
Pup|pe, die
  die Pup|pen
Pur|zel|baum, der
  die
  Pur|zel|bäu|me
Pus|te|blu|me, die
put|zen
  putzt

Qual|le, die
Quark, der
quas|seln
  quas|selt
Quatsch, der
Quel|le, die
quer
quiet|schen
  quietscht

Ra|be, der
  die Ra|ben
Rad, das
  die Rä|der
ra|deln
  ra|delt
Rad fah|ren
Rad|fah|ren, das
Ra|dies|chen, das
  die Ra|dies|chen
Rah|men, der
  die Rah|men

Rand, der
  die Rän|der
ra|sen
  rast
ra|ten
  rät, riet,
  ge|ra|ten
Rät|sel, das
  die Rät|sel
Rat|te, die
  die Rat|ten
rau|ben
  raubt
Raum, der
  die Räu|me
räu|men
  räumt
raus
re|cher|chie|ren
  re|cher|chiert
rech|nen
  rech|net,
  du rech|nest
rechts
re|den
  re|det
Re|flek|tor, der
Re|gen, der
reg|nen
  reg|net
Reh, das
  die Re|he
rei|ben
  reibt, rieb,
  ge|rie|ben
reich
Rei|fen, der
  die Rei|fen
Rei|he, die
rein

rein|ge|hen
rei|sen
  reist
rei|ßen
  reißt, riss,
  ge|ris|sen
rei|ten
  rei|tet, ritt,
  ge|rit|ten
rei|zen
  reizt
ren|nen
  rennt, rann|te,
  ge|rannt
re|pa|rie|ren
  re|pa|riert
ret|ten
  ret|tet
Rha|bar|ber, der
rich|tig
rie|chen
  riecht, roch,
  ge|ro|chen
Rie|se, der
  die Rie|sen
Rind, das
  die Rin|der
Ring, der
  die Rin|ge
Rit|ter, der
  die Rit|ter
Rock, der
  die Rö|cke
roh
Rohr, das
  die Roh|re
rot
Ruck, der
Rü|cken, der

rü|cken
  rückt
ru|fen
  ruft, rief,
  ge|ru|fen
Ru|he, die
ru|hen
  ruht
ruhig
rüh|ren
  rührt
rund
run|ter
rup|fen
  rupft
Rüs|tung, die
rut|schen
  rutscht

Sa|chen, die
Sack, der
  die Sä|cke
sa|gen
  sagt
sä|gen
  sägt
Sa|lat, der
Salz, das
sam|meln
  sam|melt,
  ich samm|le,
  sam|mel|te,
  ge|sam|melt
Sams|tag, der
Sand, der
satt

Sat|tel, der
die Sät|tel
Satz, der
die Sät|ze
sau|ber
sau|fen
säuft, soff,
ge|sof|fen
sau|gen
saugt
sau|sen
saust
scha|de
Scha|den, der
schäd|lich
Schaf, das
die Scha|fe
Schä|fer, der
schaf|fen
schafft
Schal, der
Scha|le, die
schä|len
schält, schäl|te,
ge|schält
schä|men
scharf
Schatz, der
die Schät|ze
schau|en
schaut
schen|ken
schenkt
Sche|re, die
die Sche|ren
schie|ben
schiebt, schob,
ge|scho|ben
schief

schie|ßen
schießt, schoss,
ge|schos|sen
Schiff, das
die Schif|fe
Schild, das
die Schil|der
Schild|krö|te, die
die Schild|krö|ten
schimp|fen
schimpft
schlab|bern
schlab|bert
schla|fen
schläft, schlief,
ge|schla|fen
schla|gen
schlägt, schlug,
ge|schla|gen
schlank
schlan|ker, am
schlan|kes|ten
schlau
Schlauch, der
die Schläu|che
schlecht
schlie|ßen
schließt,
schloss,
ge|schlos|sen
schlimm
schlim|mer,
am schlimms|ten
Schlitt|schuh, der
die Schlitt|schu|he
Schloss, das
die Schlös|ser
Schluss, der
Schlüs|sel, der

schmau|sen
schmaust
schme|cken
schmeckt
Schmerz, der
die Schmer|zen
Schmied, der
die Schmie|de
schmun|zeln
schmun|zelt
schmut|zig
schmut|zi|ger,
am
schmut|zigs|ten
Schna|bel, der
die Schnä|bel
Schnau|ze, die
Schne|cke, die
die Schne|cken
Schnee, der
schnei|den
schnei|det,
schnitt,
ge|schnit|ten
schnell
schnel|ler,
am schnells|ten
Scho|ko|la|de, die
schon
schön
schö|ner,
am schöns|ten
scho|nen
schont
Schoß, der
die Schö|ße
schräg
Schrank, der
die Schrän|ke

Schreck, der
schreck|lich
schrei|ben
schreibt, schrieb,
ge|schrie|ben
schrei|en
schreit, schrie,
ge|schri|en
Schrift, die
die Schrif|ten
schrift|lich
Schuh, der
die Schu|he
Schu|le, die
die Schu|len
schul|dig
Schü|ler, der
Schü|le|rin, die
die
Schü|le|rin|nen
Schuss, der
die Schüs|se
Schutz, der
schwach
schwä|cher,
am schwächs|ten
Schwan, der
die Schwä|ne
Schwanz, der
schwarz
schwat|zen
schwatzt
Schwein, das
die Schwei|ne
schwer
schwe|rer,
am schwers|ten
Schwes|ter, die
die Schwes|tern

schwim|men
schwimmt,
schwamm,
ge|schwom|men
schwit|zen
schwitzt
schwö|ren
schwört
schwül
sechs
See, der
se|hen
sieht, sah,
ge|se|hen
sehr
seid
ihr seid
sein
ist, war,
ge|we|sen
sel|ber, selbst
sel|ten
Sep|tem|ber, der
Ses|sel, der
set|zen
setzt sich
seuf|zen
seuftzt
Shorts, die
Sieb, das
die Sie|be
sie|ben
sie|gen
siegt
sind
wir sind
sin|gen
singt, sang,
ge|sun|gen

Sitz, der
die Sit|ze
sit|zen
sitzt, saß,
ge|ses|sen
So|cken, die
so|gar
Sohn, der
die Söh|ne
sol|che
sol|len
soll
Som|mer, der
Sonn|abend, der
Son|ne, die
son|nig
Sonn|tag, der
sonst
So|ße, die
die So|ßen
span|nend
Spaß, der
die Spä|ße
spät
spä|ter,
am spä|tes|ten
Spatz, der
die Spat|zen
spa|zie|ren
spa|ziert
spa|zie|ren ge|hen
Spei|che, die
die Spei|chen
Spiel, das
die Spie|le
spie|len
spielt
Spin|ne, die
die Spin|nen

spin|nen
spinnt, spann,
ge|spon|nen
spitz
Spit|ze, die
Sport, der
Spra|che, die
die Spra|chen
spre|chen
spricht, sprach,
ge|spro|chen
sprin|gen
springt, sprang,
ge|sprun|gen
sprit|zen
spritzt
sprit|zig
spu|cken
spuckt
Sta|chel, der
die Sta|cheln
Stadt, die
die Städ|te
Staf|fel, die
Stall, der
die Stäl|le
stark
stär|ker,
am stärks|ten
statt|fin|den
fin|det statt
ste|chen
sticht, stach,
ge|sto|chen
ste|hen
steht, stand,
ge|stan|den

steh|len
stiehlt, stahl,
ge|stoh|len
Stein, der
die Stei|ne
stei|nig
Stel|le, die
die Stel|len
stel|len
stellt
Stern, der
die Ster|ne
Stich, der
die Sti|che
Stie|fel, der
still
Stim|me, die
die Stim|men
stim|men
stimmt
stin|ken
stinkt
Stock, der
die Stö|cke
stolz
Stolz, der
stö|ren
stört
Stoß, der
die Stö|ße
Stra|ße, die
die Stra|ßen
Strauch, der
die Sträu|cher
Strauß, der
die Sträu|ße
strei|cheln
strei|chelt
Streit, der

strei|ten
strei|tet, stritt,
ge|strit|ten
Strich, der
die Stri|che
stri|cken
strickt
Strumpf, der
die Strümp|fe
Stück, das
die Stü|cke
Stu|fe, die
die Stu|fen
Stuhl, der
die Stüh|le
stumm
Stun|de, die
die Stun|den
Sturm, der
die Stür|me
Sturz, der
stür|zen
stürzt, stürz|te,
ge|stürzt
Stu|te, die
su|chen
sucht
sum|men
summt
Sup|pe, die
süß

T t

Ta|fel, die
die Ta|feln
Tag, der
die Ta|ge

täg|lich
Tal, das
die Tä|ler
Tan|ne, die
die Tan|nen
Tan|te, die
die Tan|ten
Tanz, der
die Tän|ze
tan|zen
tanzt
Ta|sche, die
Tas|se, die
Tat|ze, die
taub
Ted|dy, der
die Ted|dys
Teich, der
die Tei|che
Te|le|fon, das
te|le|fo|nie|ren
Tel|ler, der
teu|er
Text, der
die Tex|te
ti|cken
tickt
tief
Tier, das
die Tie|re
Ti|ger, der
die Ti|ger
Tisch, der
die Ti|sche
to|ben
tobt
Toch|ter, die
die Töch|ter

Tod, der
tödlich
toll
tol|ler,
am tolls|ten
Ton, der
die Tö|ne
Ton|ne, die
die Ton|nen
Tor, das
Tor|te, die
tot
tra|ben
trabt
tra|gen
trägt, trug,
ge|tra|gen
Trä|ne, die
die Trä|nen
Traum, der
die Träu|me
träu|men
träumt
trau|rig
trau|ri|ger,
am trau|rigs|ten
Trau|rig|keit, die
tref|fen
trifft, traf,
ge|trof|fen
tren|nen
trennt, trenn|te,
ge|trennt
Trep|pe, die
die Trep|pen
tre|ten
tritt, trat,
ge|tre|ten

Trick, der
die Tricks
trin|ken
trinkt, trank,
ge|trun|ken
tro|cken
Tro|cken|heit, die
trom|meln
trom|melt
trös|ten
trös|tet
trotz
trotz|dem
trot|zig
Tru|he, die
T-Shirt, das
die T-Shirts
Tuch, das
die Tü|cher
tun
tut, tat, getan
Tür, die
die Tü|ren
Turm, der
tur|nen
turnt
Turn|schu|he, die
tu|scheln
tu|schelt
Tü|te, die
die Tü|ten

U u

üben
über
über|all
über|schwem|men

Über|
schwem|mung,
  die
Uhr, die
um
Um|welt|schutz,
  der
und
un|heim|lich
uns
un|ten
un|ter
Un|ter|richt, der
un|ter|schied|lich

V v

Va|ter, der
  die Vä|ter
ver|beu|gen
  ver|beugt
ver|blü|hen
  ver|blüht
ver|bie|ten
  ver|bie|tet,
  ver|bat,
  ver|boten
ver|bren|nen
  ver|brennt
ver|dop|peln
  ver|dop|pelt
ver|fah|ren
  ver|fährt
ver|ge|ben
  ver|giebt
ver|ges|sen
  ver|gisst
ver|ir|ren
  ver|irrt

ver|ja|gen
  ver|jagt
ver|kau|fen
  ver|kauft
Ver|käu|fer, der
Ver|käu|fe|rin, die
Ver|kehr, der
  ver|kehrt
ver|klei|den
ver|las|sen
  ver|lässt
ver|lie|ben
  ver|liebt
ver|lie|ren
  ver|liert
ver|pas|sen
ver|ra|ten
ver|rech|nen
ver|rei|sen
ver|rü|cken
  ver|rückt
ver|schie|den
ver|schlos|sen
ver|schmut|zen
  ver|schmutzt
ver|sor|gen
  ver|sorgt
ver|ste|cken
  ver|steckt
ver|ste|hen
  ver|steht
ver|su|chen
  ver|sucht
Ver|un|rei|ni-
  |gung, die
viel, vie|le
viel|leicht
vier
Vo|gel, der
  die Vö|gel

voll
vom
von
von|ei|n|an|der
vor
vor|bei
Vor|der|rad, das
vor|fah|ren
vor|füh|ren
  führt vor
vor|her
vor|las|sen
vor|le|sen
  liest vor
vor|neh|men
Vor|mit|tag, der
vorn
vor|rech|nen
  rech|net vor
vor|sich|tig
vor|rück|en
vor|ste|hen
vor|wer|fen
  wirft vor

W w

wach
Wachs, das
wach|sen
  wächst, wuchs,
  ge|wach|sen
Waf|fe, die
  die Waf|fen
Waf|fel, die
  die Waf|feln
Wa|gen, der
Wahl, die
  die Wah|len

wäh|len
  wählt
wahr
wahr|schein|lich
Wal, der
  die Wa|le
Wald, der
  die Wäl|der
Wand, der
  die Wän|de
wan|dern
  wan|dert
wann
Wan|ne, die
war
  ich war
warm
  wär|mer,
  am wärms|ten
Wär|me, die
war|ten
  war|tet
wa|rum, war|um
was
wa|schen
  wäscht, wusch,
  ge|wa|schen
Was|ser, das
wech|seln
  wech|selt
We|cker, der
Weg, der
  die We|ge
weg
weg|lau|fen
weh|ren
  wehrt
weich
Weih|nach|ten
wei|nen

Wein|trau|be, die
  die Wein|trau|ben
weiß
weit
  wei|ter,
  am wei|tes|ten
Wei|zen, der
wel|che, wel|cher
wel|ken
  welkt
Wel|le, die
Welt, die
wem
wen
we|nig
we|nigs|tens
wenn
wer
wer|den
  wird, wur|de,
  ge|wor|den
Wet|ter, das
wich|tig
  wich|ti|ger,
  am wich|tigs|ten
wi|ckeln
  wi|ckelt
wie|der
Wie|se, die
wie viel
wie viele
wild
Wind, der
win|ken
  winkt
wir
wirk|lich

wis|sen
  weiß, wus|ste,
  ge|wusst
Witz, der
  die Wit|ze
wit|zig
Wo|che, die
wohl
woh|nen
  wohnt, wohn|te,
  ge|wohnt
Woh|nung, die
Wol|ke, die
Wol|le, die
wol|len
  will
Wort, das
  die Wör|ter
Wun|der, das
  die Wun|der
wun|dern, sich
  wun|dert
Wunsch, der
wün|schen
  wünscht
Wür|fel, der
Wurm, der
  die Wür|mer
Wurst, die
  die Würs|te
Wur|zel, die
  die Wur|zeln
Wut, die
wü|tend

Z z

Zahl, die
zäh|len
  zählt
zahm
zäh|men
  zähmt
Zahn, der
  die Zäh|ne
zan|ken
  zankt
zau|bern
  zau|bert
Zaun, der
  die Zäu|ne
Ze|bra, das
  die Ze|bras
Zeh, der
  auch: die Ze|he
  die Ze|hen
zehn
zeich|nen
  zeich|net
Zeit, die
Zeit|schrift, die
Zei|tung, die
Zelt, das
  die Zel|te
zer|rei|ben
zer|rei|ßen
  zer|reißt
zer|rupf|en
zer|stö|ren
  zer|stört
Zet|tel, der
Zeug|nis, das
  die Zeug|nis|se
Zie|ge, die
  die Zie|gen

zie|hen
  zieht, zog,
  ge|zo|gen
zie|len
  zielt
ziem|lich
Zim|mer, das
Zir|kus, der
Zi|tro|ne, die
  die Zi|tro|nen
Zoo, der
Zopf, der
  die Zöp|fe
Zu|cker, der
zu En|de
zu|erst
Zug, der
  die Zü|ge
zu|gu|cken
  guckt zu
zu Hau|se sein
Zu|hau|se, das
zu|hö|ren
  hört zu
zu|letzt
zu|rück
zu|sam|men
zu viel
zu we|nig
zwar
zwei
Zweig, der
  die Zwei|ge
Zwerg, der
  die Zwer|ge
zwi|cken
  zwickt
zwi|schen
zwölf

Lösungen: Was kann ich nun?

Hier kannst du vergleichen, ob du alles richtig gemacht hast.
Wenn du weiter üben möchtest, schlage die Seiten mit dem Pfeil ▶ auf.

Lern-Werkstatt Seite 77 – Lösungen	Weiter üben
1 Rechtzeitig mit den Hausaufgaben beginnen, ruhigen Arbeitsplatz suchen, Hefte und Stifte bereitlegen, ins Aufgabenheft schauen, überlegen, mit welcher Aufgabe begonnen werden soll, alle Aufgaben bis zum Ende durchführen, nicht ablenken lassen, zum Schluss kontrollieren, ob alles erledigt ist.	▶ Seite 72
2 Blumen – Nomen werden großgeschrieben, gefällt – die meisten Wörter, die mit ä oder äu geschrieben werden, stammen von Wörtern mit a oder au ab: gefällt – gefallen, Die – Satzanfänge werden großgeschrieben, bunt – wenn man das Wort verlängert, hört man das t: bunt – bunte, wickelt – Verben werden kleingeschrieben, Mutter – wenn man nach einem kurzen Selbstlaut nur einen Mitlaut hört, wird er beim Schreiben verdoppelt.	▶ Seite 79, 88, 102,
3 der Schnee – Seite 147, weiß – Seite 151, der Zucker – Seite 151, süß – Seite 149, die Kugel – Seite 143 , rund – Seite 146, das Messer – Seite 144, scharf – Seite 147	▶ Seite 18
4 Ich suche in der Wörterliste die Grundform: **helfen**, hilft, half, geholfen.	▶ Seite 52
5 Nur das Wichtigste heraussuchen, alles übersichtlich anordnen, große Überschriften benutzen, große farbige Bilder nehmen, wenig Texte einsetzen, deutlich in Druckschrift schreiben.	▶ Seite 76

Rechtschreib-Werkstatt Seite 87 – Lösungen	Weiter üben
1 Der Vogel hat gepfiffen. Die Kinder haben sich gestritten.	▶ Seite 80
2 die Tasse, ich weiß, ich wusste, sie lässt, sie ließ, geschlossen, abbeißen, die Flüssigkeit, sie aß	▶ Seite 81
3 die Brücke, dunkel, die Glocke, wirklich, zurück	▶ Seite 82
4 Antwort b ist richtig.	▶ Seite 83
5 die Grenze, der Pelz, plötzlich, die Glatze, schwarz	▶ Seite 83
6 ohne, kühl	▶ Seite 84
7 der Schuh, der Zeh, das Reh, die Kuh	▶ Seite 85, 86

● Selbstkontrolle
● Kompetenzen überprüfen

Rechtschreib-Werkstatt Seite 97 – Lösungen	Weiter üben
1 das Glas, der Spaß, der Kreis, das Gras, der Schoß, sie liest, er schießt, du niest, er grinst, es fließt	▶ Seite 89, 90
2 er kriegt, sie zankt, sie fragt, es stinkt, er mag, sie hinkt	▶ Seite 91

3 freund|lich   wohn|en   Haus

Scheib|tisch

weg|lauf|en   lust|ig

	Weiter üben
4 weil ein **r** zu der Vorsilbe ver- gehört und ein **r** zum Verb reisen	▶ Seite 93
5 Kontrolliere mit der Wörterliste oder dem Wörterbuch.	▶ Seite 94
6 Kontrolliere mit der Wörterliste oder dem Wörterbuch.	▶ Seite 94
7 Kontrolliere mit der Wörterliste oder dem Wörterbuch.	▶ Seite 96
8 Am liebsten isst er Mandarinen. Das ist aber schön.	▶ Seite 96

Sprach-Werkstatt Seite 119 – Lösungen	Weiter üben
1 a. Kind, b. Wut, c. Eltern	▶ Seite 100
2 Eines Tages lief ein aufgeregter Hund auf mich zu.	▶ Seite 102
3 bissig, dick	▶ Seite 106
4 a. Ich bin genauso groß wie mein Bruder. b. Ich bin größer als meine Schwester.	▶ Seite 106
5 a. Präteritum: Gestern spielten wir gegen die 4b. b. Präsens: Wir spielen sonst gar nicht schlecht. c. Perfekt: Aber gestern haben wir verloren.	▶ Seite 31-33, 34, 52, 110, 111
6 Fünf Satzglieder: Im Zirkus / zauberte / der Zauberer / aus seinem Hut / einen Hasen.	▶ Seite 112, 113
7 Der Vater schenkt seinem Sohn einen Computer.	▶ Seite 114-116
8 Ines fragte: „Spielst du morgen mit?" – „Ich bin doch krank!", sagte Felix.	▶ Seite 117, 118

Wichtige Fachwörter

Adjektiv: Adjektive sind Wörter, mit denen man genauer sagen kann, wie etwas aussieht, wie etwas ist: *schön, klein, hoch*. Mit ihnen kann man Dinge vergleichen; man kann sie steigern. Alle Adjektive können zwischen Artikel und Nomen stehen: *der kleine Kater*.
► Seite 18, 34, 75, 77, 94, 97, 106, 119

Akkusativ: Nomen können in vier verschiedenen Fällen stehen. Der Akkusativ ist einer von ihnen. Man kann ihn mit der Frage *wen?* erfragen: *Wen sehe ich? Ich sehe den Radfahrer.*
► Seite 104, 105, 115, 116

Alphabet: Das Alphabet besteht aus den 26 Buchstaben des ABCs von A bis Z.
► Seite 74

Artikel: Die kleinen Wörter, die vor einem Nomen stehen, nennt man Artikel: *der, die, das, ein, eine*. An den Artikeln kann man die Nomen erkennen: *der Löffel, die Gabel, das Messer, ein Teller, eine Tasse.*
► Seite 98, 101

Ausrufezeichen: Am Ende eines Satzes setzt man ein Ausrufezeichen, wenn man etwas ausruft oder jemandem etwas befiehlt.
► Seite 118

Aussagesatz: Am Ende eines Aussagesatzes setzt man einen Punkt.
► Seite 117

Begleitsatz: Wer etwas sagt, steht im Begleitsatz. Was einer sagt, steht in der wörtlichen Rede: Amelie sagt: *„Gib mir den Ball!"*
► Seite 118, 119

bestimmter Artikel: Die bestimmten Artikel sind *der, die, das*. Sie stehen in der Regel vor Nomen: *der Löffel, die Gabel, das Messer.*
► Seite 98, 101

Bestimmungswort: Bei einem zusammengesetzten Nomen nennt man den ersten Teil Bestimmungswort: *Apfel-kuchen.*
► Seite 37

Bindewort: Bindewörter sind Wörter, die Wörter und Sätze miteinander verbinden: *der Hund und die Katze – ich komme, wenn du es möchtest.* Die häufigsten Bindewörter sind: *und, denn, als, weil, wenn.*
► Seite 11, 18, 25, 117

Dativ: Nomen können in vier verschiedenen Fällen stehen. Der Dativ ist einer von ihnen. Man kann ihn mit der Frage *wem?* erfragen: *Wem helfe ich? Ich helfe dem Freund.*
► Seite 104, 105, 115, 116

Dehnungs-h: Das Dehnungs-h zeigt an, dass der Selbstlaut, der davor steht, lang ausgesprochen wird: *füh-len.*
► Seite 84, 87

Doppelpunkt: Einen Doppelpunkt setzt man am Ende eines Begleitsatzes der wörtlichen Rede. Doppelpunkte machen darauf aufmerksam, dass nach ihnen etwas Wichtiges kommt: *Sie sagte: ...*
► Seite 118

doppelter Mitlaut: Ein doppelter Mitlaut entsteht, wenn man denselben Buchstaben verdoppelt. Die häufigsten doppelten Mitlaute sind: *ff, ll, mm, nn, pp, rr, ss, tt.*
► Seite 79, 80

Einzahl: Nomen können in der Einzahl stehen: *das Haar, ein Haar*, aber auch in der Mehrzahl: *die Haare, viele Haare.*
► Seite 74, 100, 119

Fabel: Eine Fabel ist eine kurze Geschichte, in der Tiere vorkommen, die sich wie Menschen verhalten und wie Menschen reden. Fabeln haben am Schluss meistens eine Lehre.
► Seite 120 – 126

Figur: Eine Person, ein Fabeltier oder ein anderes lebendiges Wesen in einem Erzähltext nennt man eine Figur.
► Seite 125

Fragezeichen: Wenn man jemanden etwas fragt, setzt man am Ende dieses Fragesatzes ein Fragezeichen.
► Seite 128

● Begriffe nachschlagen
● Begriffe klären

Futur: Das Futur ist eine Zeitform. Sie wird mit *werden* gebildet und sagt etwas aus, was in der Zukunft geschieht: *Ich werde dich morgen besuchen.* ▶ Seite 31, 34, 74, 111

Genitiv: Nomen können in vier verschiedenen Fällen stehen. Der Genitiv ist einer von ihnen. Man kann ihn mit der Frage *wessen?* erfragen: *Wessen Stiefel sind nass? Die Stiefel des Kindes sind nass.* ▶ Seite 104, 105

Großschreibung: Das erste Wort am Anfang eines Satzes schreibt man groß, damit man erkennen kann, dass etwas Neues beginnt. Die Nomen schreibt man groß, weil sie die wichtigsten Wörter in unserer Sprache sind. ▶ Seite 102

Grundform – gebeugte Form: Im Wörterbuch stehen die Verben in der Grundform. Die Grundform hat immer ein *-en* am Ende: *sehen, laufen, fangen.* In einem Satz stehen sie meistens in der gebeugten Formen: *ich sehe, du läufst, sie fängt.* ▶ Seite 75, 80

Grundstufe, Vergleichsstufen: Die einfache Form eines Adjektivs nennt man Grundstufe: *schön, lang, …* Die Stufen, mit denen man etwas vergleicht, heißen Vergleichsstufen: *schöner, am schönsten.* ▶ Seite 106, 109

Grundwort: Bei einem zusammengesetzten Nomen nennt man den zweiten Teil Grundwort: *Apfel-kuchen.* ▶ Seite 37

Information: Eine Neuigkeit, die uns jemand mitteilt, nennt man Information. ▶ Seite 21

Komma: Das Komma ist ein Satzzeichen. Mit Kommas trennen wir aufgezählte Wörter und Sätze voneinander ab: *Sie aßen Kuchen, Torte, Eis. – Sie aßen viel, denn sie hatten Hunger.* ▶ Seite 11, 117

Laut: Laute nennt man die Buchstaben von A – Z, wenn sie ausgesprochen werden. Laute kann man hören, Buchstaben kann man sehen. Es gibt Selbstlaute und Mitlaute. ▶ Seite 78

männlich – weiblich: An manchen Wörtern kann man erkennen, ob ein Mann oder eine Frau damit gemeint ist. Männlich: *der Pilot,* weiblich: *die Pilotin.* ▶ Seite 99

Mehrzahl: Von Nomen kann man eine Mehrzahl bilden: *die Bäume, die Häuser.* Mit der Mehrzahl sind immer mehrere Dinge gemeint. ▶ Seite 74, 100, 119

Mitlaut: Mitlaute sind Laute, bei denen beim Sprechen die Lippen, die Zunge oder die Zähne mitklingen: *b, d, f, g, j, k, l, m, n, p, q, r, s, t, v, w, x, z.* ▶ Seite 82, 83

Name: Ein Mensch hat einen Namen: einen Vornamen wie *Niklas* und einen Familiennamen (oder Nachnamen) wie *Müller.* Auch Tiere und Pflanzen können Namen haben: *Maikäfer, Glockenblume.* Namen haben ebenfalls Städte, Länder und Straßen: *Köln, Deutschland, Bergstraße, …* ▶ Seite 7 – 9

Nomen: Nomen sind die wichtigsten Wörter in unserer Sprache. Sie werden deshalb großgeschrieben. Nomen bezeichnen Lebewesen (*Kind, Pflanze, Fisch, …*), Dinge (*Haus, Bleistift, Tisch, …*), Gefühle und Gedanken (*Spaß, Angst, Klugheit*). ▶ Seite 18, 26, 102 – 105, 114

Nominativ: Nomen können in vier verschiedenen Fällen stehen. Der Nominativ ist einer davon. Man kann ihn mit der Frage *wer oder was?* erfragen: *Wer schläft? Der Vater schläft.* ▶ Seite 104, 105

Objekt: Viele Sätze haben ein Objekt. Objekte sind Satzglieder. Es gibt Dativ-Objekte: *Ich helfe meinem Freund.* Und es gibt Akkusativ-Objekte: *Ich unterstütze meinen Freund.* ▶ Seite 115, 116

Perfekt: Das Perfekt ist eine Zeitform. Man verwendet sie vor allem, wenn man mündlich über etwas Vergangenes spricht: *Ich habe gespielt.* ▶ Seite 33, 87, 110, 115

Prädikat: Das Prädikat ist ein Satzglied. Es sagt aus, was einer tut oder was geschieht: *Die Köchin kocht.*
▶ Seite 114, 116

Präsens: Das Präsens ist eine Zeitform. Man verwendet sie vor allem, wenn man über etwas spricht oder schreibt, das in der Gegenwart geschieht: *Ich spiele gerade.*
▶ Seite 33, 74, 110

Präteritum: Das Präteritum ist eine Zeitform. Man verwendet sie vor allem, wenn man über etwas Vergangenes schreibt: *Ich spielte gestern Fußball.*
▶ Seite 33, 34, 52, 74, 110

Pronomen: Pronomen sind kleine Wörter, die man 1. für Nomen einsetzen kann: *Sie hilft der Freundin.* → *Sie hilft ihr.* Pronomen sind 2. kleine Wörter, die man anstelle von Artikeln vor Nomen setzen kann: *Sie hilft ihrer Freundin.*
▶ Seite 107, 114, 115

Punkt: Einen Punkt setzt man, wenn ein Satz zu Ende ist. Punkte grenzen Sätze voneinander ab.
▶ Seite 117

Rondell: Das Rondell ist eine Gedichtform. In einem Rondell werden bestimmte Verse mehrere Male wiederholt.
▶ Seite 129

Satz: Ein Satz besteht aus Wörtern, die zu einem Gedanken zusammengeschlossen werden: *Wir haben einen Teich. Darin schwimmen Fische.* Am Ende eines Satzes setzt man einen Punkt. Der neue Satz fängt mit einem großgeschriebenen Wort an.
▶ Seite 117

Satzarten: Die Satzarten sind: der Aussagesatz mit einem Punkt am Ende, der Ausrufesatz mit einem Ausrufezeichen am Ende, der Fragesatz mit einem Fragezeichen am Ende.
▶ Seite 117, 118

Satzglied: Was ein Satzglied ist, bekommt man durch Umstellproben heraus. Jeder Teil eines Satzes, den man an den Anfang eines Satzes umstellen kann, ist ein Satzglied. Satzglieder können aus einem oder aus mehreren Wörtern bestehen: *Ich gehe jetzt ins 2. Schuljahr. Jetzt gehe ich ins 2. Schuljahr. Ins 2. Schuljahr gehe ich jetzt. Gehe ich jetzt ins 2. Schuljahr?*
▶ Seite 112, 119

Satzzeichen: Satzzeichen sind die Zeichen, die man am Ende eines Satzes setzt: Punkt, Fragezeichen, Ausrufezeichen.
▶ Seite 117, 118

Selbstlaut: Selbstlaute sind Laute, die beim Sprechen selbst klingen: *a, e, i, o, u,* aber auch *ä, ö, ü, au, ei, eu.* Es gibt kurze Selbstlaute und lange Selbstlaute.
▶ Seite 78, 81 – 83

Silbe: Silben sind Teile von Wörtern. Wörter können aus einer oder aus mehreren Silben bestehen: *Mai, Ju-ni, De-zem-ber.* Beim deutlichen Sprechen kann man die Silben hören.
▶ Seite 34, 44, 74, 94

steigern: Adjektive lassen sich steigern. Dadurch kann man genauer unterscheiden, wie etwas ist: *Er ist größer als ich.*
▶ Seite 106

Subjekt: Das Subjekt ist ein Satzglied. Im Subjekt wird meistens jemand genannt, der etwas tut. Das Subjekt kann man mit *wer?* erfragen. *Der Maler (wer?) streicht die Wände an.*
▶ Seite 51, 114, 116

Umlaut: Umlaute sind solche Mitlaute, die zwei Striche über den Buchstaben haben: *ä, äu, ö, ü.*
▶ Seite 88

umstellen: Ein Satz besteht aus einer Folge von Wörtern. Einige von ihnen lassen sich an eine andere Stelle im Satz umstellen, zum Beispiel an den Anfang: *Ich esse am liebsten Spaghetti. Spaghetti esse ich am liebsten. Am liebsten esse ich Spaghetti.*
▶ Seite 112, 113, 119

unbestimmter Artikel: Die unbestimmten Artikel sind *ein, eine.* Sie können vor Nomen stehen: *ein Löffel, eine Gabel.*
▶ Seite 101

Verb: Mit Verben kann man sagen, was jemand tun kann oder was passiert: *Ich spiele. Der Ball kullert.*

► Seite 26, 52, 108, 109, 114

Wort: Ein Wort hat eine Bedeutung. Hört oder liest man das Wort *Löwe*, dann weiß man, dass damit ein Löwe gemeint ist. Gesprochene Wörter bestehen aus einzelnen Lauten, geschriebene Wörter bestehen aus Buchstaben.

Wörter bilden: Wörter kann man aus Silben bilden: *Ta-ge*, man kann sie aus Wortbausteinen bilden: *täg-lich*, man kann sie auch bilden, indem man zwei Wörter zu einem zusammensetzt: *Spiel-platz.*

► Seite 18, 37, 44, 52, 94

Wortbaustein: Viele Wörter sind aus verschiedenen Bausteinen zusammengesetzt. Solche Wortbausteine kann man vorn an ein Wort anfügen (*ab|geben*) oder hinten (*witz|ig*).

► Seite 37, 74, 92, 94, 103

Wortfamilie: Eine Wortfamilie besteht aus Wörtern, die miteinander verwandt sind. Ihre Verwandtschaft erkennt man daran, dass sie sich äußerlich ähnlich sehen: *fahren, fährst, gefahren, Fahrer, Fahrt, Fährte, …*

► Seite 37, 92

Wortfeld: Ein Wortfeld besteht aus Wörtern, die etwas Ähnliches bedeuten: *gehen, laufen, rennen.*

► Seite 109

wörtliche Rede: Was jemand sagt, nennt man wörtliche Rede. Wörtliche Reden stehen in Redezeichen. Wer etwas sagt, steht im Begleitsatz: *Amelie sagt: „Gib mir den Ball!"*

► Seite 118

Wortstamm: Der Wortstamm ist der Hauptteil eines Wortes: *-spiel-*. An einen solchen Wortstamm können oft andere Wortbausteine vorn oder hinten angefügt werden: *Zu-spiel, spiel-bar, ver-spiel-en.*

► Seite 37, 74, 92

Zeitform: Zeitformen sind die Formen des Verbs, mit denen man auf die Zeit hinweisen kann. Die wichtigsten Zeitformen sind das Präsens (*ich gehe*), das Perfekt (*ich bin gegangen*) und das Präteritum (*ich ging*).

► Seite 110, 111, 119

zusammengesetzte Nomen: Mit einzelnen Nomen kann man sagen, wie ein Ding heißt: *Ball*. Wenn man es genauer sagen will, kann man zwei Nomen zusammensetzen: *Fuß|ball, Gummi|ball, Tennis|ball*. Nomen, die aus mehreren Wörtern zusammengesetzt sind, heißen zusammengesetzte Nomen.

► Seite 18, 37, 44, 52

Die Kompetenzbereiche

Themen-Kapitel	Sprechen und Zuhören	Schreiben, einschließlich Rechtschreiben
Im Buch stöbern Seite 4 – 5	Eine Erkundung durch das Sprachbuch unternehmen	
A ... wie Anfang Seite 6 – 9	Über Schrift sprechen; Schrift beschreiben, vergleichen, beurteilen	Eine gut lesbare Handschrift schreiben; Schreibwerkzeuge und Schreibmaterialien funktionsgemäß auswählen; neue Medien zur Gestaltung von Texten nutzen
Ich und die anderen Seite 10 – 19	Sich eine Meinung bilden, sie äußern und begründen; Konfliktlösungen anbahnen; gemeinsam Regeln festlegen und sich daran halten; Vorgänge szenisch umsetzen	Nach Satzmustern schreiben; für andere schreiben; gemeinsam Regeln festlegen und sich daran halten; Wortsammlungen anlegen; methodisch sinnvoll und korrekt abschreiben; zusammengesetzte Wörter
Tiere im Wasser Seite 20 – 27	Stichwörter nennen; über Textinhalte sprechen; Fotos beschreiben; Informationen austauschen	Texte zuordnen; Steckbrief anlegen; methodisch sinnvoll und korrekt abschreiben
Die Welt um uns herum Seite 28 – 35	Texte und Bilder einander zuordnen; in Texten Informationen finden; Anweisungen in Texten verstehen und danach handeln	Bildbeschreibung ergänzen; eine Tabelle anlegen; methodisch sinnvoll und korrekt abschreiben; Schreibprodukte geordnet festhalten
Das Fahrrad und andere Erfindungen Seite 36 – 45	Über Erfahrungen berichten; Argumente sammeln; Streitgespräche führen; Feedback geben; Werbe-Ideen entwickeln; ein eigenes Fantasie-Fahrrad entwerfen und beschreiben	Geschichte des Fahrrades schreiben; einen kurzen Text schreiben; Plakate entwerfen; methodisch sinnvoll und korrekt abschreiben
Von Rittern und Burgen Seite 46 – 53	Bilder betrachten; Texte Bildern zuordnen; Anweisungen in Texten verstehen und danach handeln	Mit Stichwörtern arbeiten; nach Anregungen schreiben; zu einer Bildergeschichte schreiben; methodisch sinnvoll und korrekt abschreiben
Medien – lesen hören, sehen Seite 54 – 61	Medien auswählen und vorstellen; ein Projekt planen; Texte besprechen und überarbeiten	Projekte mithilfe einer Mindmap planen; nach Anregungen schreiben; Texte besprechen und überarbeiten; methodisch sinnvoll und korrekt abschreiben
Jahreszeiten, Feste und Feiern Seite 62 – 71	Arbeitsanweisungen verstehen und umsetzen; Bilder beschreiben	Eigene Geschichten erfinden; Schreibprodukte geordnet festhalten; einen kurzen Text schreiben; eine kleine Geschichte schreiben

Lesen – mit Texten und Medien umgehen	Sprache und Sprachgebrauch untersuchen
Sich in einem Buch orientieren: Inhaltsverzeichnis, Bilder, Kapitel, Werkstätten, Wörterliste	
Sich eine Meinung bilden und sie äußern; recherchieren; mit dem Lexikon arbeiten; Bilder Texten zuordnen; mit Medien arbeiten; im Internet Informationen sammeln	Wortarten kennenlernen: Bindewort; sich mit unterschiedlichen Sprachen beschäftigen; mit Sprache kreativ umgehen; schwierige Wörter kennenlernen; zusammengesetzte Wörter
In Texten Informationen finden; unterschiedliche Medien, Informationsquellen nutzen; Bilder betrachten und Texte zuordnen; in Texten Informationen finden; Arbeit mit der Wörterliste; Anweisungen in Texten verstehen und danach handeln	Erklärungen für unbekannte Wörter suchen; mit Bindewörtern arbeiten; Begründungssätze mit weil; Arbeit mit der Wörterliste
Im Internet recherchieren; Informationen sammeln	Zeitformen: Futur; in verschiedenen Zeitformen schreiben; Wörter nach Silbenzahl ordnen
Bildern Informationen entnehmen; Texte und Bilder einander zuordnen; Fragen aus einem Text beantworten; im Internet recherchieren	Fachwörter verwenden und erklären; Zusammengesetzte Nomen verwenden; mit Wortfamilien arbeiten; Fachbegriffe kennenlernen; mit Sprache kreativ umgehen; Werbesprüche erfinden; Wörter nach Silbenzahl ordnen;
Informationen sammeln; einen Informations- und Ausstellungstisch zusammenstellen; Informationen aus Texten entnehmen	Redewendungen richtig zuordnen; Gemeinsamkeiten und Unterschiede von Sprache benennen; Satzglieder: Subjekt; zusammengesetzte Nomen; Verbformen kennenlernen: Präteritum
Leseerfahrung beschreiben; Medien nutzen; Medien zum Gestalten eigener Beiträge nutzen	Schwierige Wörter kennenlernen
Feste anderer Länder kennenlernen; gezielt Informationen in Texten finden; Informationen mit neuen Medien sammeln; Schreibmaterialien herstellen; Informationen einem Text entnehmen; Strukturen poetischer Texte kennenlernen; Informationen aus einem Sachtext entnehmen; Anweisungen in Texten verstehen und danach handeln	Wörter aus anderen Sprachen entdecken; Gemeinsamkeiten und Unterschiede von Sprachen benennen; sich mit unterschiedlichen Sprachen beschäftigen

Pusteblume

Das Sprachbuch 4

Neubearbeitung

Zum Sprachbuch 4 gehören

Arbeitsheft 4	(978-3-507-40334-5)
Arbeitsheft 4	
mit Lernsoftware	(978-3-507-40337-6)
Lehrermaterialien	
Sprachbuch 4	
mit CD-ROM	(978-3-507-40297-3)
Förderheft 4	(978-3-507-40291-1)
Forderkartei 4	(978-3-507-40256-0)
Lesebuch 4	(978-3-507-40283-6)
Lehrermaterialien	
Lesebuch 4	(978-3-507-40287-4)
Hör-CD	
zum Lesebuch 4	(978-3-507-40299-7)

© 2010 Bildungshaus Schulbuchverlage
Westermann Schroedel Diesterweg
Schöningh Winklers GmbH, Braunschweig
www.schroedel.de

Druck A[7] / Jahr 2016
Alle Drucke der Serie A sind im Unterricht
parallel verwendbar.

Redaktion: Christin Bußhoff, Michaele Gruschka
Herstellung: Gundula Wanjek-Binder, Hannover
Umschlaggestaltung: Andrea Heissenberg mit
  einer Illustration von Alexander Steffensmeier
Layout: Jesse Konzept & Text GmbH, Hannover
Satz: Sabine Rettstatt, typotext, Dortmund
Druck und Bindung: westermann druck GmbH,
  Braunschweig

ISBN 978-3-507-40294-2

Quellen

S. 20: astrofoto / Nasa
S. 23: JUNIORS (l.), WILDLIFE (r.)
S. 24: OKAPIA KG, Germany
S. 25: picture-alliance / dpa
S. 27: Studio Schmidt-Lohmann
S. 28: Sally and Richard Greenhill / Alamy (l. o.),
travelib asia / Alamy (r. o.), Bill Bachman / Alamy
(r. u.), Lineair/Das Fotoarchiv (l. u.)
S. 36: studio Schmidt-Lohmann (o.), gibsonff /
iStockphoto (r. m.), www.hasebikes.com (l. m.),
dd72 / iStockphoto (m. m.), lightkeeper/iStockphoto
(r. u.)
S. 40: picture-alliance / KPA/Theissen (l.), mauritius
images / Oxford Scientific (r.)
S. 41: Continental AG (l. o.), Dorothee Hartmann,
Braunschweig (r. o.), OKAPIA KG, Germany (l. u.),
panthermedia.net / Herbert Esser (r. u.)
S. 46: Rainer Golbach, Kronberg / Stiftung Burg
Kronberg im Taunus (l.), Kliem/ Schapowalow
(r. o.), blickwinkel/U. Brunbauer (r. m.), picture-
alliance/ dpa/dpaweb (r. u.)
S. 53: Studio Schmidt-Lohmann
S. 54: Studio Schmidt-Lohmann
S. 66: © Bildarchiv Preußischer Kulturbesitz, Berlin
S. 68: Gerd Messerschmidt, Aus: Baumgeschichten,
Artcolor Verlag, Ascheberg (l. o., r. o.)
S. 69: mauritius images
S. 71: Georg Kumpfmüller
S. 76: Das will ich wissen. Hans Peter Thiel / Milada
Krautmann. Wale und Delfine. © 2008 Arena
Verlag GmbH, Würzburg (r. o.), WAS IST WAS Band
85. Wale und Delfine, Ragnar Tessloff GmbH & Co.
KG, Nürnberg (r. u.)